Lutz van Dijk

Haut hat viele Farben

Aufwachsen in der multikulturellen Gesellschaft

Lutz van Dijk

Haut hat viele Farben

Aufwachsen in der multikulturellen Gesellschaft

Patmos Verlag Düsseldorf

Thema: KINDER
herausgegeben von Marion Schweizer

Die Deutsche Bibliothek – CIP-Einheitsaufnahme

Dijk, Lutz van: Haut hat viele Farben :
Aufwachsen in der multikulturellen Gesellschaft /
Lutz van Dijk. –
1. Aufl. – Düsseldorf : Patmos-Verl., 1996
(Thema: Kinder)
ISBN 3-491-50018-4

1. Auflage 1996
Umschlag: Hanno Rink
Gesamtherstellung: Rasch, Bramsche
ISBN 3-491-50018-4

Für Andrés,
für Tadesse
und seine Schwester Nunu

Inhalt

Andrés

Eine selbstverständliche Kindheit

Als er klein war, hätten ihn wahrscheinlich die meisten hierzulande »niedlich« gefunden – strahlend weiße Zähne, braune Haut, krauses Haar. Dort, wo er aufwuchs, fand ihn niemand besonders niedlich, weil alle so oder ähnlich aussahen, die Mutter so dunkel wie er, der Vater eher hellhäutig, acht Geschwister mit unterschiedlich dunkler Haut.

Mit achtzehn Jahren kommt Andrés aus Panama als Student nach Europa. Mit einem Solidaritätsstipendium geht er zunächst nach Polen, wo er erste Erfahrungen mit Rassismus sammelt. Es sind keine Nazis, die ihn dort anpöbeln. Es sind oftmals ältere Männer beim Einkaufen oder Mütter mit Kindern, die hinter ihm herrufen: »Warum brennst du nicht im Ofen? Du bist ja schwarz wie Kohle!«

Sein Umzug nach Berlin erscheint ihm anfangs wie eine Erlösung: eine weltoffene Metropole! Endlich wieder im alltäglichen Straßenbild – zwar vereinzelt, aber doch deutlich wahrnehmbar – Menschen unterschiedlicher Herkunft.

Dann, am 31. August 1991, einer jener Vorfälle, von denen inzwischen mit einschläfernder Regelmäßigkeit in den Medien berichtet wird, mal mehr und mal weniger ausführlich, je nach Konjunktur und Nachrichtenlage. Vielleicht tatsächlich gar nichts Besonderes mehr in einem Europa, in dem Rassismus, Nationalismus und Antisemitismus – eine Zeitlang scheinbar wirksam ignoriert – erneut zu einem gesellschaftlichen Faktor werden, mit dem man heutzutage eben rechnen muß. Das Besondere ist nur, daß es ihm passiert, den ich kenne: Andrés, meinem Freund. Die mediale Distanz ist durchbrochen, kein Verdrängen mehr möglich.

Andrés sagt später als Zeuge aus: »Am 31. August war ich bei Freunden im Ostteil Berlins zum Essen eingeladen. Ich fuhr gegen 20 Uhr mit der U-Bahn Linie 8 vom Hermannplatz Richtung Alexanderplatz. An der Station Jannowitzbrücke stiegen am anderen Ende des Wagens zwei Skinheads ein. Ich sah sie erst, als die Türen schon wieder zugingen.

Da ich mittlerweile wußte, daß ich in so einer Situation aufpassen muß, stellte ich mich mit dem Gesicht zur Tür, damit sie sich nicht unnötig von meiner Anwesenheit im Wagen ›provoziert‹ fühlten. Ich weiß nicht, wie sie unbemerkt durch den ganzen Wagen kommen konnten. Aber plötzlich spürte ich einen Schlag am Kopf, hörte nur das Wort ›Arschloch‹, dann wurde mein Kopf gegen die Tür geschlagen.

Im gleichen Moment trat mich der andere der beiden in die Seite – alles ging so schnell, daß ich überhaupt nicht zu mir kam und mich nicht verteidigen konnte. Im Wagen saßen mehrere Leute, aber niemand kam mir zu Hilfe.

Währenddessen fuhr die U-Bahn im Bahnhof Alexanderplatz ein. Ich wollte schnell aussteigen und versuchte, die Türen zu öffnen. Auch dabei schlugen die Skins weiter auf mich ein.

Trotzdem schaffte ich es irgendwie, daß die Türen aufgingen. Erst jetzt konnte ich das Gasspray in meiner Jackentasche ertasten. Als die beiden noch auf dem U-Bahnhof weiterschlugen, sprühte ich ihnen das Gas ins Gesicht und hatte dadurch die Chance, schnell wegzulaufen. Ich hatte das Gefühl, daß sie mich sonst totgeschlagen hätten.

Das Blut lief mir aus Mund und Nase. Ich rannte die Treppen hoch und wie durch ein Wunder erwischte ich am Alexanderplatz ein Taxi und fuhr nach Hause. Dort erst bemerkte ich, wie ernsthaft ich verletzt war. Ich hatte mehrere Platzwunden am Kopf, und ein Vorderzahn war angeschlagen. Ich ging zu einem Arzt, der mich behandelte und sofort eine Woche arbeitsunfähig schrieb. Mit seinem Attest habe ich Anzeige bei der Polizei erstattet.«

Über den Vorfall berichtet keine Zeitung. Allein eine Berliner Ausländerinitiative unterstützt Andrés und veröffentlicht den Vorfall in einem ihrer Mitteilungsblätter. Jemand weist ihn darauf hin, daß er als Opfer einer Gewalttat beim Versorgungsamt in Berlin einen Antrag auf Entschädigung stellen kann. Zwei Wochen später reicht Andrés diesen Antrag ein.

Fast zwei Jahre wartet er auf Antwort. Dann schreibt ihm das Versorgungsamt im Mai 1993, daß die an ihm verübte Gewalt in der Tat im Sinne dieses Gesetzes (OEG vom 11. 5. 1976, BGBl. I, S. 1181) anzusehen sei, jedoch: »Gemäß § 1 Absatz 4 OEG haben Ausländer, die nicht Angehörige eines Mitgliedstaates der Europäischen Gemeinschaft sind, keinen Anspruch auf Versorgung…« Im Klartext: Pech gehabt. Ein außereuropäischer Ausländer, der Opfer fremdenfeindlicher Gewalt geworden ist, bekommt keine Entschädigung.

Vieles geschieht in unserer unmittelbaren Umgebung. Wir schauen zu – oder weg. Selten werden wir selbst Täter oder Opfer spektakulärer Ereignisse. Über die Zeit des Nationalsozialismus hat der Historiker Raul Hilberg[1] geschrieben: »Die meisten Zeitgenossen der jüdischen Katastrophe waren weder Täter noch Opfer. Viele Menschen jedoch hörten oder sahen etwas von den Vorgängen. Jene, die in Hitlers Europa lebten, würden sich – bis auf wenige Ausnahmen – als Zuschauer beschreiben. Sie fühlten sich nicht wirklich ›betroffen‹, sie wollten weder die Opfer gefährden, noch wollten sie selbst durch die Täter in Gefahr kommen. Jedoch – die Realität war leider nicht immer so unkompliziert.« Die Realität zeigt, daß die Rolle derjenigen, die »nur« zuschauen, häufig entscheidend sein kann: Sie sind in der Regel die Mehrheit, sie sind diejenigen, die allgemeine Stimmungen in einer Gesellschaft beeinflussen oder gar verantwortlich dafür sind. Was ist möglich? Welches Rechts- und Unrechtsbewußtsein herrscht vor? Wie weit können einzelne gehen mit Diskriminierung oder Gewalt? Wie sicher kann sich jemand fühlen, der beleidigt oder angegriffen wird?

Natürlich ist nicht jeder zum Helden geboren und hat nicht jeder genug Mut, um bei einer Schlägerei dazwischenzugehen. Darum geht es jedoch auch nur in den seltensten Fällen. Und soweit kann es nur kommen, wenn bis dahin viele Unrechtszustände kontinuierlich und stillschweigend geduldet werden.
Gefährlich ist demnach vor allem der alltägliche Rassismus. Die permanente Ignoranz im Umgang miteinander, das Festhalten an kolonialen Stereotypen, eine diskriminierende Gesetzgebung und Behördenpolitik, kurzum das, was Ralph Giordano[2] treffend den »Verlust der humanen Orientierung« nennt.
Diese verpestete gesellschaftliche Atmosphäre atmet jede Generation Kinder und Jugendlicher erneut ein, wenn nicht deutliche Brüche erfolgen: Wenn nicht die Unmenschlichkeit des bisher Selbstverständlichen deutlich wird und das eigentlich Selbstverständliche – das Zusammenleben von Menschen auch unterschiedlicher Herkunft – als die Normalität des Menschseins erfahren werden kann. Eine andere, eine menschlichere Lebensqualität *für alle* würde dies bedeuten.
Deshalb geht es in diesem Buch auch nicht darum, sich für Menschen mit anderer Hautfarbe zu engagieren. Allein daß wir diese noch immer als Kriterium zur Unterscheidung der »einen« von den »anderen« Menschen zu benutzen gewöhnt sind, ist schlimm genug. Besonders Kinder und Jugendliche, auch jene, die hier geboren und aufgewachsen sind und eine nicht-weiße Hautfarbe haben, leiden darunter, daß sie noch immer als »die anderen« ausgemacht, angestarrt, ausgeschlossen oder gar körperlich erniedrigt werden. Der »Hautfarben-Rassismus« gehört neben dem Antisemitismus zu den schlimmsten Erblasten der NS-Vergangenheit Deutschlands (was allerdings nicht bedeutet, daß es ihn nicht auch schon davor gegeben hat und daß es ihn in anderen Ländern – in unterschiedlichen Variationen – gibt).
Dieses Buch möchte deshalb einerseits sensibilisieren für den alltäglichen Rassismus und zur Zivilcourage ermutigen. Vor

allem aber möchte es andererseits zu einem *selbstverständlichen Umgang* mit Vielfalt anstiften. Eine solche unspektakuläre Selbstverständlichkeit kann von allen Beteiligten – betroffenen wie (scheinbar) nicht betroffenen Kindern und Jugendlichen sowie deren Eltern und LehrerInnen – als Befreiung erlebt werden.

Andrés Dukes 1995 in Amsterdam

Bei allem pädagogischen Engagement ist es besonders wichtig, die politischen und sozialen Ursachen des Rassismus nicht aus den Augen zu verlieren. Rassismus ist eben nicht nur ein psychologisches Problem von individuellen oder allgemeinen Vorurteilen, sondern basiert auf politischer und ökonomischer Macht und der Verteidigung bestehender Machtverhältnisse. Nur da, wo es uns gelingt, auch die scheinbar »freundlichen« Ausdrucksformen des Rassismus zu entschleiern – etwa die Bilder von den armen oder niedlichen oder exotischen »anderen« – haben wir eine Chance, auch der brutalen rassistischen Gewalt den Boden zu entziehen. Elternhaus und Schule können hierbei eine bedeutsame Aufgabe übernehmen, wenn sie sich nicht selbst fangen lassen von jenen Bildern, die immer wieder verleiten, in den Kategorien »wir und die anderen« zu denken.

Andrés hat sich nicht brechen lassen, nicht seine Selbstachtung, nicht seine Lebensfreude. »Es ist gut«, hat er einmal gesagt, »daß mich niemand niedlich fand, als ich klein war. So habe ich das Selbstverständliche wenigstens als Kind kennenlernen können. Trotz der Armut bei uns zu Hause hat mich diese selbstverständliche Zuneigung und Achtung stark werden lassen. Sie hat mich reich gemacht bis heute.«

Wie alle Kinder selbstverständliche Zuneigung und Achtung erfahren können, davon handelt dieses Buch. Damit es nicht mehr notwendig ist, die Kleinen »niedlich« zu finden und den Großen »Toleranz« zu gewähren.

1. Teil
Zum Aus-der-Haut-Fahren

Eine Bestandsaufnahme

»Jaime K. ist acht Jahre alt. Er ist das jüngste Kind einer deutsch-angolanischen Familie in Halle. Er und seine Geschwister sowie die angolanische Mutter werden immer wieder mit rassistischen Pöbeleien, zum Teil mit gewalttätigen Angriffen konfrontiert. Nachdem Jaime in der Schule mehrfach bespuckt und geschlagen wurde, weigert er sich, weiter die Schule zu besuchen. Seine Eltern wissen nicht, was sie tun sollen: in eine andere Stadt umziehen, evtl. auswandern in ein anderes europäisches Land, den Sohn in einen Selbstverteidigungskurs schicken? Dies alles erscheint ihnen als ein Akt der Resignation und des Sich-Beugens, den sie eigentlich nicht wollen...«[3]

Tadesse

Erfahrungen eines Kindes

Immer mehr Kinder und Jugendliche mit nicht-weißer Hautfarbe wachsen in der Bundesrepublik Deutschland auf: Viele von ihnen sind in diesem Land geboren, manche erst später – zum Beispiel im Rahmen der Familienzusammenführung von Arbeitsmigranten, als Adoptivkinder oder als jugendliche unbegleitete Flüchtlinge – hergekommen. Bevölkerungsstatistiken sind (zum Glück) nicht nach Hautfarbe aufgeschlüsselt, so daß genaue Zahlen nicht vorliegen.

Daß die Tendenz jedoch ohne Zweifel steigend ist, läßt sich an verschiedenen anderen Daten ablesen. So haben zum Beispiel seit 1950 weit mehr als eine Million Deutsche einen Partner oder eine Partnerin aus einem anderen Land geheiratet. Die Zahl der deutschen Frauen, die einen ausländischen Partner wählten, lag 1991 bei ca. 24 000, die der deutschen Männer mit ausländischen Partnerinnen bei ca. 20 000.[4] Dies sind nur die offiziellen Eheschließungen. Hinzu kommen alle diejenigen, die mit gemeinsamen Kindern in nicht-ehelichen binationalen oder bikulturellen Partnerschaften leben, oder auch alleinstehende Mütter und Väter, die mit Kindern und Jugendlichen mit nicht-weißer Hautfarbe zusammenleben. Nicht zu vergessen jene Kinder und Jugendlichen, die ohne Mütter oder Väter – zum Beispiel als Waisen oder als Flüchtlinge – in staatlichen oder privaten Heimen leben und von Erzieherinnen und Erziehern betreut werden.

All diese Kinder und Jugendlichen sind in der deutschen Gesellschaft, trotz absolut steigender Zahlen, nach wie vor in der Regel von klein an damit konfrontiert, daß sie sichtbar

»anders« sind und dies nicht wie beispielsweise eine andere Religionszugehörigkeit oder sexuelle Orientierung in bestimmten Zusammenhängen auch mal verleugnen könnten. Trotz oft liebevollster Zuwendung von Eltern und Pädagogen können sie nicht wirklich vor Rassismus geschützt werden, weder vor der »gutgemeinten« noch vor der brutalen Variante.
Um so wichtiger ist es deshalb, sie zu stärken in ihrem Selbstbewußtsein und Selbstwertgefühl, damit sie sich selbst (und wo möglich gegenseitig) schützen und wehren können, und gleichzeitig allen Kindern und Jugendlichen positive Erfahrungen von Vielfalt zu vermitteln. Ideen, wie dies in der Schule und zu Hause auf positive und nicht moralisierende Weise angeregt werden kann, sind das zentrale Thema dieses Buches.
Zuvor soll jedoch erstens eine Bestandsaufnahme erfolgen, wie Rassismus aus der Sicht von Kindern, Jugendlichen, Pädagogen und Eltern konkret und beispielhaft erfahren wird, und zweitens darüber nachgedacht werden, welche gesellschaftlichen, sozialen und politischen Ursachen für den Rassismus im Kopf verantwortlich sind.

Tadesse wird 1969 im Nordosten von Äthiopien geboren. Der Junge ist höchstens vier oder fünf, als er miterleben muß, wie sein Vater frühmorgens von der Polizei aus der Hütte gezerrt und kurz darauf vor den Augen der Kinder erschossen wird. Wenig später flieht die Mutter mit Tadesse und seiner drei Jahre jüngeren Schwester Nunu aus der Provinz in die Hauptstadt Addis Abeba, ein paar hundert Kilometer zu Fuß, ohne ausreichende Nahrung, ohne Geld und ohne Unterstützung von Freunden oder Verwandten. Einige ältere Geschwister von Tadesse und Nunu, darunter auch die ältere Schwester Kunesnes, an die Tadesse sich noch lange Zeit erinnern wird, bleiben zurück.
In der Millionenstadt teilt Tadesse bald das Schicksal Tausender anderer Straßenkinder, wie sie sich auch am Rande anderer

Großstädte Afrikas, Asiens und Lateinamerikas durchschlagen müssen. Trotz seiner Jugend steigt Tadesse bald zum Chef einer Kinderbande auf, sein Spitzname ist »die Ratte vom Mercato«, benannt nach dem größten Marktplatz der Stadt.
Zu seinen Erinnerungen an diese Zeit gehört, daß er einmal – es muß im Sommer 1974 gewesen sein – miterlebt hat, wie der damalige äthiopische Kaiser Haile Selassie im offenen Rolls Royce durch die Armenviertel der Stadt fuhr und mit vollen Händen Kleingeld unter die Leute warf, in der vergeblichen Hoffnung, mit derartigen Gesten die Revolution aufhalten zu können. Tadesse ist stolz, eine Hosentasche voll Münzen für die Mutter und seine Schwester erstreiten zu können.
Doch er ist zu klug, um nicht bereits als Kind die aussichtslose Lage der kleinen Familie zu erkennen. Wie Entwicklungshelfer später berichten, war er es selbst, der Kontakte zu Mitarbeitern des Deutschen Entwicklungsdienstes sowie der Kinderrechtsorganisation »terre des hommes« suchte und die ersten Schritte für seine spätere Adoption unternahm. Zu beinah allem ist er in seinem zähen Drängen bereit, nur eine einzige Bedingung äußert er immer wieder: Nunu, die geliebte Schwester, will er um keinen Preis zurücklassen.
Mit viel Glück und unglaublicher Hartnäckigkeit gelingt ein kleines Wunder: Mehrere Entwicklungshelfer setzen sich für ihn ein, die Mutter stimmt der Freigabe beider Kinder zur Adoption zu, und im Mai 1976 fliegen erst Nunu und ein paar Tage später Tadesse nach Deutschland. Über ihre Mutter sagt Nunu heute[5]: »Meine Mutter hat das einzig Richtige getan in ihrer Situation, sie hat die Kinder weggegeben. Das ist keine Brutalität. Das war das einzig Richtige, um uns ein Leben zu ermöglichen.« Der Interviewer fragt: »Hast du wenigstens ein Foto von deiner Mutter?« – »Nö«, antwortet Nunu, »gibt es wohl auch nicht…«
Das Ehepaar Söhl aus dem schwäbischen Dorf Michelbach, das Tadesse adoptiert hat, ist gerne bereit, auch die Schwester auf-

zunehmen. Sie bemühen sich sogar intensiv beim zuständigen Jugendamt um Nunu. Aber der Amtsleiter lehnt ihren Antrag ab mit den Worten: »Sie haben auch ein weißes Pflegekind. Und bei zwei schwarzen Kindern würde das weiße deutsche Pflegekind untergehen. Und darum bekommen Sie keine zweite Pflegeerlaubnis.«[6]

Nunu kommt zu Pflegeeltern nach Köln, die gänzlich andere pädagogische Vorstellungen haben: Sie glauben, daß der Kontakt zu ihrem Bruder Nunus Integration in die deutsche Familie erschweren würde. Tadesse ist verzweifelt. In den folgenden Jahren wird er nicht müde, immer wieder – auch allein – Briefe an Behörden und Persönlichkeiten zu schreiben, um sein Recht einzuklagen, seine geliebte Schwester sehen zu können.

Was der junge, für sein Alter aber bereits überaus lebenserfahrene Tadesse von nun an in Deutschland erlebt, hat seine Pflegemutter Irmhild Söhl in einem ebenso engagierten wie differenzierten Buch niedergeschrieben, das gleichsam als Studie rassistischen Alltags aus der Sicht eines Kindes gelesen werden kann. Es sind die vielen Gedankenlosigkeiten und scheinbar harmlosen Scherze, die den aufgeweckten Jungen allmählich zermürben und die Irmhild Söhl einfühlsam darzustellen vermag. Ohne der empfehlenswerten Lektüre vorgreifen zu wollen, hier ein Beispiel für eine derartige, vermutlich von der betreffenden Lehrerin »keinesfalls böse gemeinte« Bemerkung:

Es war einige Wochen nach Schulbeginn. An jenem Tag kam er vorzeitig nach Hause gerannt. Schon vom Küchenfenster aus merkte ich ihm an, daß etwas nicht stimmte. Der sonst so heißgeliebte Beagle-Hund Barney bekam am Gartentor zur Begrüßung einen kräftigen Fußtritt, daß er aufjaulte. Tadesse schrie und schimpfte laut vor sich hin in einer Sprache, deren Worte ich nicht verstand. Ich erschrak über die äußerste Wut und Verzweiflung, die ich raushörte. Den Ranzen hatte er vergessen. Jacke und Mütze auch. Die Haustür flog auf und krachte zu.

Seine Augen funkelten vor Zorn.
»Ja, was ist denn, Tadesse?« fragte ich.
Jetzt weinte er herzzerreißend, fuchelte wild mit den Armen umher und bedeutete mir, in die Küche zu kommen. Er packte mich am Arm und zog mich zum Herd. Er riß die Herdklappe auf und zerrte das Kuchenblech heraus.
»Da siehst du es! Da guck!« schrie er.
Ich fragte: »Was soll ich sehen. Tadesse?«
Er krempelte seinen Ärmel hoch und hielt seinen Arm ans Kuchenblech.
»Da siehst du es? Ich bin braun, nicht schwarz! Das Kuchenblech ist schwarz, und sie hat gesagt, ich bin schwarz. Meine Lehrerin. Da guck, ich bin braun. Heute im Turnen, da hat sie gesagt: ›Schwarzer Mann, komm mal her!‹ – das sagt sie immer zu mir. Bei den anderen, da sagt sie Peter, Oliver oder Elvira. Aber zu mir sagt sie nur ›Schwarzer Mann‹. Dabei habe ich auch einen Namen. Ich heiße Ta-des-se, und ich bin braun! Siehst du, daß ich braun bin?«
Ich nahm ihn in die Arme. »Ja, Tadesse, ich sehe es, du bist braun. Schön braun.«
Der Hund kratzte an der Tür, er war ihm nachgetrottet. Wir ließen ihn rein. Seine Ohren hingen noch tiefer runter als sonst.
»Ent-schuli-gung, Barney!« sagte Tadesse zum Hund und streichelte ihn lieb.[7]

1980 schreibt Tadesse selbst einen Leserbrief an eine Lokalzeitung[8]:

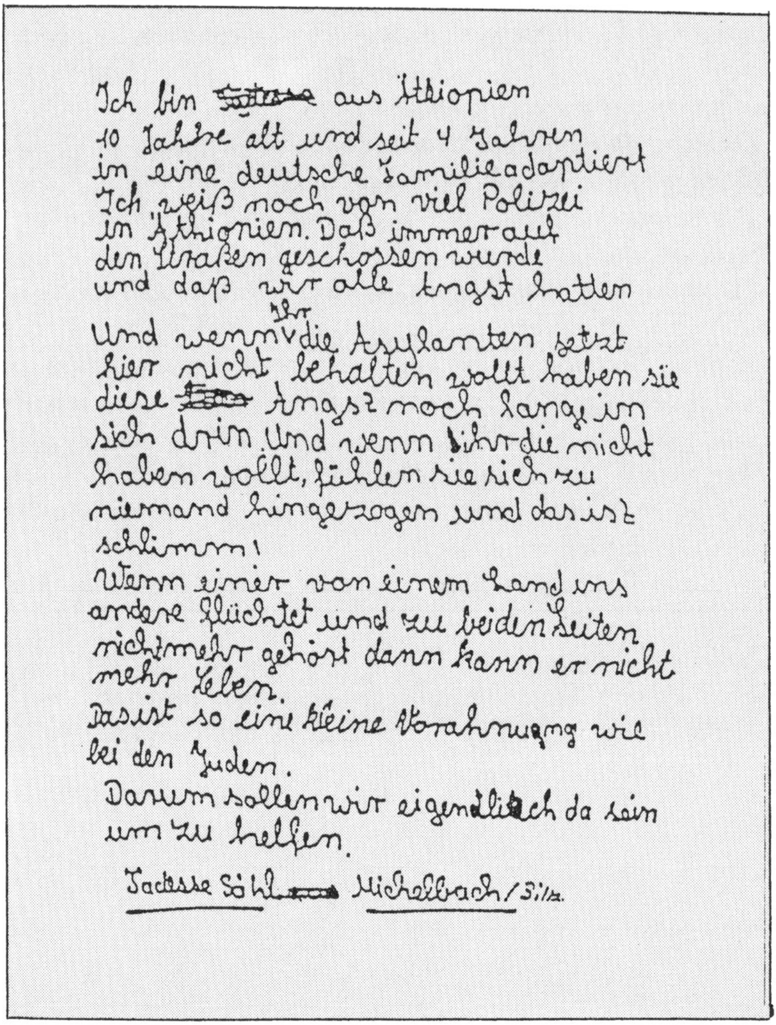

Ich bin aus Äthiopien
10 Jahre alt und seit 4 Jahren
in eine deutsche Familie adaptiert
Ich weiß noch von viel Polizei
in Äthiopien. Daß immer auf
den Straßen geschossen wurde
und daß wir alle Angst hatten
Und wenn ihr die Asylanten jetzt
hier nicht behalten wollt haben sie
diese Angst noch lang in
sich drin. Und wenn ihr die nicht
haben wollt, fühlen sie sich zu
niemand hingezogen und das ist
schlimm!
Wenn einer von einem Land ins
andere flüchtet und zu beiden Seiten
nichtmehr gehört dann kann er nicht
mehr leben.
Das ist so eine kleine Vorahnung wie
bei den Juden.
Darum sollen wir eigendlich da sein
um zu helfen.

Tadesse Söhl Michelbach/Bilz.

Nur rund ein Jahr später erhängt sich der elfjährige Tadesse am Kleiderschrank seines Kinderzimmers. Zunächst herrschen nicht allein Entsetzen und Trauer, sondern auch Ratlosigkeit

über den schrecklichen Tod vor. Oft war er gehänselt, manchmal gar geschlagen worden, aber er hatte doch auch eine liebevolle Pflegefamilie und war selbst ein intelligenter und sportlicher Junge? Es war ihm nicht gelungen, Kontakt zu seiner geliebten Schwester Nunu zu halten und für sie zu sorgen (ein Versprechen, das er seiner Mutter beim Abschied »zum Geschenk« gemacht hatte). Aber sie waren doch immerhin im gleichen Land und würden sich später, wenn sie nur erst volljährig sein würden, doch sehen können, wann immer sie wollten?
Die Ermittlungen der Kriminalpolizei werden nach einiger Zeit mit der offiziellen Version abgeschlossen, es habe sich um einen »Unfall beim Spielen« gehandelt. Wenig später bringt ein Kripobeamter die letzten Kleidungsstücke von Tadesse in einer Plastiktüte den Pflegeeltern. In der hinteren Hosentasche der Jeans findet der Vater einen daumennagelgroß zusammengefalteten Zettel. In Tadesses Handschrift ist zu lesen[9]:
Liebe Mutti, lieber Vati,
ich möchte Euch keinen Kummer machen. Ich gehe dahin zurück, wo ich hergekommen bin.

Tadesses Schwester Nunu sagt später[5]: »Die Tragik war einfach, daß wir schon in verschiedene Familien gekommen sind. Wir hätten uns gegenseitig Halt geben können, wenn wir uns gehabt hätten... Ich denke, daß er sich hier einfach fremd gefühlt hat, weil die anderen ihn auch immer wieder darauf aufmerksam gemacht haben, daß er nicht so ist wie sie selber.«

Nach dem Erscheinen des Buches *Tadesse, warum?* von Irmhild Söhl bricht in Michelbach ein Sturm der Entrüstung los: Alle hätten den »kleinen Schwarzen« doch gemocht! Hier hätte ihn niemand geschlagen oder diskriminiert! Gleichzeitig setzt eine Hetzkampagne gegen die Familie Söhl ein: Der Hund der Familie wird vergiftet, anonyme Anrufer und hämische Briefschreiber üben beinah täglich Terror aus, so lange, bis die Familie es nicht mehr aushält und nach Norddeutschland zieht.

Tadesse 1976 in Michelbach mit den Schwestern Sinje und Gudrun Söhl

In einem Brief schreibt Irmhild Söhl[10]: »Gleich nach dem Auszug wurde alles zerstört: Holzverkleidungen heruntergerissen, Waschbecken, Toilette, Badewanne mit einer Axt zerschlagen, Feuer auf dem Teppich gelegt. ›Und so haben sie gehaust...‹ sagt heute der Bürgermeister von Michelbach.«
Über Tadesses Geschichte sind mittlerweile ein ARD-Dokumentarfilm sowie ein Kindertheaterstück des Chilenen Daniel Zambra entstanden, zuletzt eine Fernseh-Spielfilmproduktion, in der in dokumentarischen Teilen auch Tadesses inzwischen zweiundzwanzigjährige Schwester Nunu zu Wort kommt.

Anläßlich der Erstausstrahlung im November 1994 im dritten SWF-Fernsehprogramm äußert sich auch der Bürgermeister von Michelbach, Volker Schneider, gegenüber der Presse[11]: »Der Inhalt ist weitgehend erlogen... Michelbach braucht kein schlechtes Gewissen zu haben; wir wissen, daß es anders war.« Schön, wenn es wahr wäre. Noch zehn Jahre nach Tadesses Tod werden sein Grab und die Heidepflanzen darauf »von Unbekannten« mit Säure übergossen.
Im August 1995 erreicht mich ein fünf Seiten langer Brief von Irmhild Söhl mit einer Überraschung, die wie ein kleines Wunder anmutet:

»Nach Ausstrahlung des SWF-Films über Tadesse kam einige Zeit später der Brief eines Rechtsanwalts aus Wien. Er teilte darin mit, daß er die Adoptiveltern von Kunesnes vertrete, die die ältere Schwester von Tadesse und Nunu sei und seit langem

Nunu und Kunesnes in Wien, Ostern 1995

versucht habe, die Spur der beiden jüngeren Geschwister zu finden. Durch den Film nun sei man auf Nunu und die Familie Söhl aufmerksam geworden.
Bei den Adoptiveltern handele es sich um einen Nigerianer, der in leitender Stellung bei der OPEC in Wien tätig sei, sowie um seine Frau, eine Äthioperin, die die Familie von Tadesse noch aus Addis Abeba kennen würde und seit der Adoption von Kunesnes versucht habe, Kontakt zu den nach Europa adoptierten Geschwistern zu bekommen. Ostern 1995 fliegt Nunu nach Wien und sieht nach 19 Jahren zum ersten Mal die ältere Schwester wieder. Sie erfährt, daß die Mutter noch lebe und einer der älteren Brüder in Addis Abeba verheiratet sei und gerade ein Baby unterwegs sei. Als kurz darauf ein kleiner Junge geboren wird, erhält er den Namen Tadesse.
Die beiden Schwestern verabreden, daß sie zum Jahresende 1995 nach Äthiopien fliegen wollen, um die Mutter wiederzusehen, die bis jetzt nichts vom Schicksal Nunus und Tadesses weiß. Persönlich wollen sie ihr die gute und die traurige Nachricht überbringen...[12]

Joana

Erfahrungen einer Jugendlichen

Wenn die Kinderzeit zu Ende geht und sich die Pubertät durch sichtbare körperliche und weniger offensichtliche seelische Veränderungen ankündigt, beginnen für viele Jugendliche mit nicht-weißer Hautfarbe eine Reihe zusätzlicher Konflikte. So wie alle Jugendlichen erfahren sie, daß ihr Körper männlicher oder weiblicher wird, daß sie sexuelle Empfindungen haben (und bei anderen auslösen) und daß erste vage Liebesgefühle nach einem Ziel, einem Gegenüber, einer Partnerin oder einem Partner suchen.
Diese natürliche Entwicklung wird häufig erschwert dadurch, daß sie inzwischen gelernt haben, auf welche Weise viele Menschen über Liebesbeziehungen zwischen Menschen unterschiedlicher Hautfarben denken. Hinzu kommen zahlreiche sexistische Vorstellungen über Frauen und Männer mit dunkler Hautfarbe, die Regina und Gerd Riepe in den Klischee-Variationen vom »wilden Mann« und der »nackten Frau« zusammenfassen: »Doch halt – ist der Afrikaner nun ein wilder Sexprotz oder ein stummer, treuer Diener, ist er gefährlicher Konkurrent oder ein dümmlicher Untertan??! Wird die Afrikanerin nun als wilde Schönheit oder als häßliches Affenweib gesehen?
Die Antwort darauf heißt – JA – ganz nach Belieben! Wir verfügen über viele für uns sehr nützliche Schubladen, in die der afrikanische Mann oder die Frau hineingeschoben werden können: Geht es um die Aids-Berichterstattung, so tauchen die wilden ungezügelten Neger auf, und auch im Kenia-Tourismus sind Anspielungen auf die Sexualität und Ausstrahlung der Menschen beliebt...

Und wenn es uns anders herum paßt, dann tauchen freundliche (asexuelle) Kindsneger auf, die den Weißen für ihre Hilfe so dankbar sind.«[13]

Von den Ursachen und Zusammenhängen zwischen Rassismus und Sexismus wird an anderer Stelle noch ausführlicher die Rede sein. Hier soll zunächst festgehalten werden: Sexualität ist ein Lebensbereich, der bei vielen Menschen mit zahlreichen Ängsten und unerfüllten Sehnsüchten besetzt ist. Anstatt die Befriedigung eigener sexueller Wünsche anzustreben, werden Unsicherheiten und Frustrationen häufig auf andere, zum Beispiel auf Minderheiten, verschoben, auf die sich, durch welche gedanklichen Verdrehungen auch immer, sexuelle Phantasien projizieren lassen: Die Liebe homosexueller Menschen wird als »widerlich« abgelehnt (um nicht über eigenes Sexualverhalten nachdenken zu müssen), eine »natürliche Nacktheit« schwarzer Mädchen oder Frauen wird unterstellt und in Fotos abgebildet (die bei weißen Mädchen oder Frauen als Beleidigung empfunden würde), bei schwarzen Jungen und Männern wird eine »Dauerpotenz« assoziiert (die mehr über eigene Versagensängste als über faktische Konkurrenz aussagt).

Wie können sich vor solchem Hintergrund auf selbstverständliche Weise Freundschaften und Liebesbeziehungen zwischen Heranwachsenden unterschiedlicher Hautfarben entwickeln? Wie sollen jene Mädchen und Jungen, die keine Kinder mehr sind, lernen, sowohl mit ihrem eigenen als auch dem Körper der Partnerin oder des Partners verantwortlich und gleichzeitig lustvoll umzugehen? Wie können sie ihre Ideen von bikulturellen Beziehungen, von Zukunft, von Partnerschaft und Familie entwickeln, wenn andauernd Mehrheiten ungefragt mit ihren ablehnenden Kommentaren dazwischenfunken? Es macht gleichwohl Hoffnung, daß es immer wieder und inzwischen immer mehr junge Menschen gibt, die sich all diesen Hindernissen zum Trotz ineinander verlieben und für die die Hautfarbe das letzte ist, was sie trennen könnte.

Joanas Mutter kommt aus Tansania. Ihr Vater ist deutscher Ingenieur und hat seine Frau während eines Einsatzes als Entwicklungshelfer kennengelernt. Vor zwanzig Jahren kamen beide nach Frankfurt am Main, mit zwei kleinen Kindern, die noch in Daressalam geboren wurden, den beiden älteren Brüdern Joanas: Juma und John.
Joana wurde in Frankfurt geboren, ihre Muttersprache ist Deutsch. Nur wenige Brocken Suaheli hat sie von der Mutter gelernt: »Ein Wort, an das ich manchmal denken muß, heißt *Malaya*. So wurde meine Mutter von ihrer Familie beschimpft, als sie sich in den weißen Mann verliebte. *Malaya* bedeutet *Prostituierte* oder *Nutte*[14].«
Joanas Eltern gelingt es, alle drei Kinder auf dieselbe Grundschule zu schicken, wo ein offenes und freundliches Klima vorherrscht. Als ihr ein Jahr älterer Bruder Juma einmal nicht versetzt wird und in ihre Klasse kommt, ist Joana glücklich: Nun darf sie jeden Tag neben ihm in der Schule sitzen. »Sicher gab es auch jene kleinen Szenen, wo mich andere Kinder anfaßten, um zu fühlen, wie sich mein Haar anfühlt oder meine Haut«, erinnert sie sich. »Aber wir hatten eine tolle Lehrerin, die daraus nie ein Thema gemacht hat, sondern dann zum Beispiel gesagt hat: ›So, Sabine, und jetzt darf dich Joana anfassen, um zu spüren, wie sich dein langer blonder Zopf anfühlt!‹ «
Mit dem Beginn der weiterführenden Schule werden die drei Geschwister getrennt: Ein Bruder geht auf eine Privatschule, der zweite auf eine Realschule, und Joana wird für ein Gymnasium vorgeschlagen. »Das war damals wirklich etwas ganz Besonderes, was ich vor allem meiner Grundschullehrerin und natürlich meinen Eltern verdanke.«
Doch schon bald empfindet Joana die Herausforderung der neuen Schule zunehmend als Last. »Obwohl das doch alles Kinder waren, die eher zu den intelligenteren gehörten, bekam ich dort zum ersten Mal wirklich blöde Bemerkungen zu hören, auch von Lehrern. Es war eine schlimme Zeit dort. Im

Sport zum Beispiel sagte die Lehrerin einmal vor allen anderen: ›Seht mal, wie gut Joana klettern kann! Das können alle Menschen in Afrika!‹ Natürlich haben alle gelacht und an Affen gedacht.«

Als Joana in die achte Klasse kommt, stirbt ihr Vater unerwartet an einem Herzinfarkt. Joanas Mutter muß von nun an allein für die drei jugendlichen Kinder sorgen. Der älteste Sohn John verläßt die Privatschule und beginnt eine Lehre als Instrumentenbauer. Joanas Schulleistungen werden immer schlechter.

»Ich hatte einfach keine Lust mehr, mich anzustrengen. Eigentlich tat ich es allein noch für Mutter, die uns immer wieder Mut machte und wirklich die tollste Mutter der Welt ist. Dabei hat sie selbst jede Menge Erfahrungen mit Fremdenfeindlichkeit sammeln müssen. Überall eigentlich. Das begann ja schon zu Hause in Daressalam. Wir kennen unsere Großeltern in Tansania nicht, weil Mutter das nie wollte. Die deutsche Oma dagegen hält zu uns, auch nach Vaters Tod. Vor den Weihnachtsferien 1990 geschah dann so ein Zwischenfall im Kochunterricht, weswegen ich nicht mehr zur Schule wollte: Wir waren da am Keksebacken (natürlich nur die Mädchen, das war eine stockkonservative Schule), als eine meiner Mitschülerinnen mir – angeblich aus Spaß! – Mehl über die Haare und ins Gesicht kippte und rief: ›Jetzt kannste mal im Spiegel sehen, wie du als Weiße aussiehst!‹ Ich war damals noch so doof und bin einfach weggelaufen, damit niemand meine Tränen sehen sollte. Heute würde ich der eine kleben und ihren Kopf in ein Klo tauchen!«

Nach den Weihnachtsferien bemüht sich Joanas Mutter um eine andere Schule für ihre Tochter, was jedoch mitten im Schuljahr abgelehnt wird. Zumindest kann Joana in die Parallelklasse, wo der Klassenlehrer keine rassistischen Bemerkungen duldet. Doch sie bleibt isoliert an dieser Schule: »Ich sehnte mich schon morgens um acht danach, daß es Mittag würde und ich wieder nach Hause könnte. Ich glaube, ich hatte das Pech, auf der einzigen Schule im inzwischen ja viel bunter gewordenen Frankfurt zu sein, wo ich die einzige dunkle Schülerin war. In unserem Stadtteil zum Beispiel, da gab es inzwischen viele Familien aus anderen Kulturen. Unsere Clique am Nachmittag war wirklich super und stammte aus mindestens fünf oder sechs Ländern: Türkei, Italien, Spanien, Juma und ich aus Tansania und natürlich auch ein paar echte Deutsche.«

Wie andere Jugendliche auch geht Joana mit ihrer Clique in die Disco oder zum Sport, nebenbei beginnt sie, Zeitungen auszutragen, um etwas dazuzuverdienen. Als sie einmal mit einer türkischen Freundin in einer Boutique in einem Kleiderständer wühlt, hört sie, wie eine Verkäuferin zur anderen sagt: »Wovon will die Schwarze denn die teuren Klamotten bezahlen?« Wütend verlassen Joana und ihre Freundin den Laden. Nach ein paar Schritten hält Joana ihre Freundin am Arm fest und zieht sie zurück in den Laden. »Dann bin ich zu der einen Verkäuferin hingegangen und habe gesagt: ›Warum fragen Sie mich nicht selbst, wie ich mein Geld verdiene?‹ Und da war die auf einmal ganz freundlich und hat nur so gestottert, daß ich das mißverstanden hätte und so.«

Immer öfter wagt es Joana von jetzt an, Witze oder blöde Bemerkungen nicht mehr zu überhören, sondern darauf zu reagieren und sich zu wehren: »Obwohl das wirklich nicht immer leicht ist, gerade als Mädchen. Natürlich weiß ich, daß alle möglichen Typen auch anderen Mädchen hinterherpfeifen und so, aber bei Mädchen und Frauen mit dunkler Hautfarbe sind viele doch einfach noch unverschämter.«

Joana beginnt, nach Vorbildern zu suchen, nach anderen schwarzen Mädchen oder Frauen, die sie bewundern kann, von denen sie sich etwas abgucken kann: »Mein größtes Vorbild ist nach wie vor meine Mutter. Aber dann habe ich mit einemmal auch alle Bücher gelesen über Mahalia Jackson, Miriam Makeba und Winnie Mandela. Das dauerte so ein oder zwei Jahre. Jetzt suche ich weniger nach Heldinnen als nach Mädchen oder jungen Frauen in meinem Alter, mit denen ich gemeinsam lernen kann.«

Seit 1992 ist sie absoluter Fan der *4 Reeves,* zweier Brüder und zweier Schwestern kenianischer Abstammung, die in Köln aufwuchsen und die sie auf einem Konzert gegen Rassismus zum ersten Mal hörte. Ihre Musik basiert auf Hip-Hop und Rap-Kultur, sie singen deutschafrikanische Texte, manchmal auch astrein »kölsch«, und was Joana besonders anspricht, ist, daß die *4 Reeves* zwar etwas gegen Rassismus machen, »aber nicht alles dreht sich darum. Es ist auch einfach blöd, wenn du nur noch als Berufs-Schwarze gesehen wirst. Mich interessieren schließlich auch noch ganz andere Dinge im Leben, zum Beispiel mein Freund Mike.«

Mit Mike, einem weißen Frankfurter, ist sie erst seit kurzem zusammen: »Wir haben uns auf eine völlig irre Weise kennengelernt. Es war auf dem Rückweg von einer Disco. Da war ich allein, weil meine Freundin noch hatte bleiben wollen, und plötzlich machten mich ein paar Typen an, die mich wohl schon seit der Disco verfolgt hatten. Ich dachte eine Weile fieberhaft: Soll ich wegrennen oder kommen die dann erst recht hinterher? Aber dann hatten sie mich auch schon umzingelt – sechs oder sieben Jungen, keinesfalls älter als ich, ziemlich besoffen und ohne jede Kontrolle. Als einer mir den Rock hochziehen wollte, habe ich nach ihm getreten. Da haben mich dann aber plötzlich zwei von hinten festgehalten und mir die Bluse aufgerissen. Ich hörte einen wie verrückt rufen: »Zeig mir deine Titten, Baby!« Einer hat mir dann Bier auf den nackten Busen gespuckt, und ein anderer fing schon an, seine Hose aufzumachen. Ich wollte schreien, aber die hielten meinen Mund und Hals so dicht, daß ich Panik bekam zu ersticken. Ich dachte schon, jetzt ist alles zu spät, als ein Auto hielt und zwei Jungen mit Knüppeln auf die Bande einschlugen und sie vertrieben.

Einer von den beiden war Mike. Er war total lieb, gab mir sein Hemd zum Überstreifen und fragte, ob er mich zum Krankenhaus fahren solle. Aber ich wollte nur nach Hause zu meiner Mutter und meinen Brüdern. Am Anfang hatte ich nicht einmal eine Telefonnummer von ihm, um mich zu bedanken, und ich habe richtig gesucht, bis ich ihn ein paar Wochen später wiedergetroffen habe. Auch meine Brüder finden ihn in Ordnung.«
Einmal hat Joana Shary Reeves, 23 Jahre, von den *4 Reeves* in einem TV-Interview gesehen. »Die hat mir total gut gefallen,

Cover der CD »Jambo« von den »4 Reeves«

wie stolz und doch auch lustig die da war. So möchte ich auch gern werden.«
Ein Lied von der CD *Jambo*, das Joana besonders gefällt, heißt: »Keine Macht den Doofen«:[15]

Ich traf auf der Straße 'ne alte Frau,
die sagt zu mir: »Du Negersau.
Mach, daß du abhaust…
geh zurück in dein eigenes Land!«

Ich find das überhaupt nicht amüsant,
was hier passiert in meinem eignen Land.
Jeden Tag gibt es Krach und sie sind am Toben.
Dazu sag ich nur: Keine Macht den Doofen!

Jean-Jérôme

Erfahrungen eines Pädagogen

Wie reagiert man in der Schule oder anderen pädagogischen Einrichtungen auf rassistische Bemerkungen oder gar Gewalt von Kindern und Jugendlichen? Wie äußern sich solche Gedanken und Verhaltensweisen? Was tun, wenn sie sich im offiziellen Unterricht gar nicht äußern, dafür aber um so mehr in Pausen oder außerhalb der Schule? Das Thema trotzdem aufgreifen? Oder hoffen, daß es nur eine »Mode« ist, die bald von selbst vorübergeht?

Die Erfahrungen von Jean-Jérôme, eines aus Zaire stammenden Pädagogen, zeigen eine besondere Perspektive: Wie reagieren Kinder und Jugendliche, wenn sie einem Schwarzafrikaner nicht zufällig auf der Straße, sondern im eigenen Klassenraum begegnen? Welche Stereotypen schlagen durch, welche können gebrochen werden? Was wollen sie wissen, was ihm mitteilen?

An dieser Stelle soll noch nicht über die Möglichkeiten und Grenzen einer »Pädagogik der Begegnung« nachgedacht werden. Es geht zunächst um die persönlichen Wahrnehmungen von Jean-Jérôme, wie er sie 1992 und 1993 bei Besuchen in rund sechzig Schulen in Brandenburg sammeln konnte. Die Initiative für diese Schulbesuche ging von ihm selbst aus, denn er wollte nicht passiv abwarten, sondern selbst etwas tun. Sein kostenfreies Angebot wurde zunächst vom Berliner Schulsenat, der offenbar mit soviel Selbstinitiative nichts anfangen konnte, abgelehnt. In Brandenburg stieß Jean-Jérômes Angebot schließlich bei der Regionalen Arbeitsstelle für Ausländerfragen (RAA e. V.) Potsdam sowie beim Pädagogischen Landesinstitut Brandenburg (PLIB) auf Zustimmung, später auch auf

Begeisterung. Es gelang, vorübergehend eine ABM-Stelle einzurichten.
Die Leiterin der RAA Potsdam, Hilde Schramm, schreibt nach der ersten Phase seines Engagements: »Die Verletzungen, die ihm gewollt oder ungewollt immer wieder bei seiner Arbeit zugefügt werden, die er benennt oder zeigt, öffnen mir die Augen für die Beschränktheit und fehlende Sensibilität der ›deutschen Kultur‹, auf die sich viele soviel einbilden...
Seine Arbeit hat inzwischen viel Anerkennung erfahren. Die Medien interessieren sich für ihn. Er ist der meistgefragte Mitarbeiter der RAA Potsdam.«[16]

Jean-Jérôme Chico-Kaleu Muyemba ist Lehrer und hat in den Städten Kinshasa und Mbandaka in Zaïre bereits einige Jahre Französisch und Geschichte unterrichtet, als er, siebenundzwanzigjährig, 1972 als Stipendiat der Otto-Benecke-Stiftung nach Deutschland kommt. Als sein Stipendium abgelaufen ist, verdient er sich seinen Lebensunterhalt als Werkstudent selbst. An der Freien Universität Berlin schließt er 1983 mit der Graduierung zum Diplom-Volkswirt ab, 1990 promoviert er zum Doktor der politischen Wissenschaften mit einem Thema über die Gewerkschaftsbewegung in Schwarzafrika.
Jean-Jérôme ist kein Träumer, sondern versteht sich als politisch denkender Mensch. Angesichts der Zunahme rassistischer Überfälle in Deutschland seit Beginn der neunziger Jahre will er jedoch nicht nur wissenschaftlich arbeiten, sondern sich auch praktisch engagieren. In der konkreten Auseinandersetzung mit Kindern und Jugendlichen sieht er Möglichkeiten, Vorurteile über Afrika und über Menschen mit dunkler Hautfarbe aufzubrechen: »Ich kann nur Denkanstöße geben und Berührungsängste abbauen. Am Ende meines Unterrichts ist eines sicher: Die Jugendlichen haben – vielleicht zum ersten Mal – einen Schwarzafrikaner kennengelernt. Einen Menschen. Und das ist schon viel.«[17]

Bereits während seines Studiums war Jean-Jérôme immer wieder aufgefallen, wie wenig selbst akademisch gebildete Mitteleuropäer über den afrikanischen Kontinent wissen. Nur die wenigsten wußten, wo Zaïre (zu Kolonialzeiten: Kongo) überhaupt liegt in Afrika, obwohl das Land achtmal so groß ist wie die Bundesrepublik und in der Geschichte des Kolonialismus eine zentrale Rolle spielte (Berliner Kongo-Konferenz von 1884/85). Vor diesem Hintergrund erschien es ihm kaum verwunderlich, daß auch die meisten Kinder sich Afrika als ein Land der Wüsten und Steppen vorstellten, in dem vor allem Elefanten und Giraffen leben und die kleinen Kinder Hunger leiden.

Doch Jean-Jérômes offene und spontane Art des Vortrags, die Fotos, die er zeigt, und die Lieder, die er singt, locken dann doch häufig eigene Fragen der Kinder hervor. Zum Beispiel: »Haben Sie mehr Angst vor Löwen oder vor Skins?« – »Diese Frage stellte mir ein Mädchen aus einer sechsten Klasse in Grüneberg, nachdem ich die Umwelt in meinem Heimatland beschrieben hatte. Daraufhin erklärte ich ihr, daß ich in Afrika in einer Zeit aufgewachsen bin, in der Menschen und Tiere noch in Harmonie miteinander lebten. Erfahrungsgemäß wußte man, daß ein Löwe Menschen nur angreift, wenn er sich bedroht fühlt oder wenn er krank ist, d. h. sich nicht mehr artgerecht verhält. Da ein Tier nie sinnlos tötet oder zerstört, hatten wir Menschen nicht Angst, sondern vielmehr Respekt vor den sogenannten wilden Tieren. Anders dagegen ist dem Verhalten ›unzivilisierter Menschen‹ zu begegnen. Selbst nach jahrtausendelanger Kultivierung kommt es immer wieder vor, daß sie sich als unfähig erweisen, Aggressionen und Haß auf andere Art abzubauen als durch sinnloses Töten und Zerstören. Vor den sogenannten Skins in Deutschland habe ich persönlich ebensowenig Angst wie Respekt, da ich mich ihrem Niveau der Problembewältigung nicht anpassen kann und will, obwohl ihr Aussehen mich nicht stört.«[18]

»Meine Erfahrung ist«, sagt er, »daß die Antworten auf die einfachsten Fragen manchmal die schwersten sind: ›Warum sind Sie schwarz?‹ zum Beispiel... Die Frage ist nur mit einer Gegenfrage zu beantworten: ›Warum bist du weiß?‹ Keines der Kinder hatte darauf eine Antwort. Protestantisch erzogen, griff ich auf die Schöpfungsgeschichte zurück: Gott hat nicht nur einen Baum, eine Blume, ein Tier erschaffen, sondern eine unzählbare Vielzahl der unterschiedlichsten Arten und Sorten. Genauso gibt es Menschen verschiedener Hautfarben. Die Welt wäre ohne Zweifel sehr langweilig, wenn es nur jeweils eine Art von Pflanzen, Tieren oder Menschen gäbe. Niemandem ›gehört‹ die Erde, und alles Lebende, so verschiedenartig es auch ist, hat ein Anrecht auf Lebensraum.«[19]

Besonders wichtig ist es ihm, gegen die noch immer selbstverständlich gebrauchten Begriffe wie *Neger* oder *Mohrenkopf* aufzutreten. Obwohl Redensarten wie: »Ich bin doch nicht dein Neger«, an vielen Schulen durchaus zum üblichen Repertoire gehören, wurde ihm einmal von einer Schülerin erklärt, ihr Lateinlehrer habe gesagt, *Neger* sei kein Schimpfwort, weil es doch aus dem Lateinischen komme. Humanistische Bildung auf Abwegen.

Neben manchen echten Begegnungen stößt Jean-Jérôme gelegentlich auch auf scheinbar unüberwindliche Mauern: »In einer Schule in Elsterwerda zeigte ich den Kindern eine Karikatur, die einen schwarzen Mann und seine weiße Partnerin auf der Straße zeigt und die Reaktion der Passanten darstellt. Auf meine Frage, was die Schüler bei dieser Karikatur empfanden, erklärte ein dreizehnjähriges Mädchen spontan: ›Das kommt nicht in Frage, daß sich Schwarze und Weiße vermischen, was soll denn daraus als Rasse entstehen? Wir Deutschen sind für die Reinheit des deutschen Blutes.‹

Die Klassenlehrerin hörte unbeeindruckt zu. Ich fragte das Mädchen, ob dies wirklich ihre eigene Meinung sei oder ob sie diese Aussagen von älteren Menschen übernommen habe. Sie beharrte auf ihrer Antwort. Für mich war erstaunlich, daß ein dreizehnjähriges Mädchen eine Meinung vertrat, die vor über sechzig Jahren der Bevölkerung aufoktroyiert wurde... Erfreut war ich, daß gerade dieses Mädchen bereit war, sich für ein Erinnerungsfoto zusammen mit einem Schwarzen fotografieren zu lassen.«[18]

Nicht immer gelingt es ihm, erste Brücken zu bauen: »Es waren wiederholt Schüler in einer Klasse, die meine Anwesenheit in Deutschland als störend empfanden. Durch ihr irrationales Verhalten beeinflußten sie auch die Stimmung der Klassengemeinschaft. In einer Gesamtschule in Cottbus zum Beispiel wurde ich verbal von einem dreizehnjährigen Schüler angegriffen. Für ihn war ›jeder Ausländer ein Ausländer zuviel‹. Er warf mir wörtlich vor: ›Du bist nur nach Deutschland gekommen, weil man bei euch vor Hunger stirbt. Hier in Deutschland kannst du soviel futtern, wie du willst.‹ Des weiteren verlangte er, daß ich ihm die Gründe erläutern solle, weshalb ich mich in Deutschland befände, und fragte, ob ich mir langsam Gedanken gemacht hätte, wann ich endlich Deutschland verlassen würde. Dieser Junge zeigte sich dermaßen impertinent, daß ich mich weigerte, auf seine Fragen weiter einzugehen. Beharrlich wiederholte er seine Forderungen, bis ich ihm unmißverständlich zu verstehen gab, daß ich die Freiheit habe zu leben, wo es mir gefällt, und er keinen Einfluß auf meine Entscheidung haben würde. Andere Schüler und die ausländischen Referenten, die mit mir nach Cottbus gefahren waren, klatschten Beifall. Es war offensichtlich richtig gewesen, meinen Ärger und auch meine Verletztheit gezeigt zu haben und dennoch selbstbewußt aufgetreten zu sein.«[19]

Eine ähnlich frustrierende Erfahrung machte er wenig später in einer Brandenburger Bundeswehrkaserne, wo ihm gleich nach der Begrüßung mehrfach mitgeteilt wurde, daß es einfach zu viele Ausländer in Deutschland gebe. Auf seine Rückfrage, wie hoch der »Ausländeranteil« denn ihrer Meinung nach in

Dr. Jean-Jérôme Chico-Kaleu Muyemba mit Lehrerinnen und Lehrern einer Potsdamer Gesamtschule

Deutschland sei, gaben die Soldaten Einschätzungen, die sich zwischen dreißig und fünfzig Prozent bewegten. Als Jean-Jérôme offizielle Statistiken vorlegte, die nachwiesen, daß der Anteil in den neuen Bundesländern weniger als ein Prozent (in den alten Bundesländern weniger als acht Prozent) betrage, wurde ihm entgegengehalten, die »Dunkelziffer« liege eben um vieles höher.

Jean-Jérômes Initiative hat allein dadurch einen so ungewöhnlichen Charakter, daß – anders als zum Beispiel in den Niederlanden – Lehrerinnen und Lehrer mit nicht-weißer Hautfarbe in Deutschland nirgendwo zum Schulalltag gehören. Jedoch ist es müßig, darüber zu streiten, inwieweit seine Schulbesuche das »Besondere« noch verstärken, wenn Jean-Jérôme so eben nicht als selbstverständlicher Teil der Gesellschaft, sondern als im besten Sinne engagierter Aufklärer über Afrika wahrgenommen wird. Es ist deshalb müßig, weil es offiziellerseits noch viel zu wenig Initiativen gibt, als daß Einzelengagement – das ja zu Recht auch als Hilferuf gemeint ist – überflüssig werden könnte.

Ist die Begegnung und Auseinandersetzung mit Jean-Jérôme schon für Kinder und Jugendliche mit heller Hautfarbe eine wichtige Herausforderung, um wieviel mehr müßte das Auftreten eines positiven und selbstbewußten schwarzen Erwachsenen erst für Kinder und Jugendliche mit dunkler Hautfarbe Bedeutung haben?
Im Auftrag der Berliner Fachhochschule für Verwaltung und Rechtspflege führte Jean-Jérôme 1993 eine Untersuchung zur Lebenssituation der rund 10 000 Schwarzafrikaner in Berlin (Stand: 1991, zum Vergleich: In diesem Jahr lebten in der Stadt ca. 140 000 Türken) durch. In seinem Resümee kommt er zu folgender Einschätzung: »Verglichen mit anderen Ausländern stellen Schwarzafrikaner in Berlin nur eine kleine Minderheit dar... Während zum Beispiel türkische Landsleute eine große Auswahl an türkischen Geschäften, Restaurants, musikalischen, kulturellen, religiösen Gemeinschaften haben, oft auch türkische Arbeitgeber..., kommen Afrikaner zwar vom gleichen Kontinent, unterscheiden sich aber wiederum nach Sprache, Nationalität usw. Sie haben zwangsläufig kaum Rückhalt durch eigene ethnische Organisationen.

Afrikaner fallen aufgrund ihrer Hautfarbe sofort als Ausländer auf. Die für diese Untersuchung befragten Personen bestätigen Veröffentlichungen, wonach Schwarze überproportional von rassistisch motivierten Übergriffen betroffen sind. 28 Prozent gaben an, selbst schon Opfer von physischer Gewalt gewesen zu sein, 48 Prozent haben Beschimpfungen und Pöbeleien erleben müssen – diese Zahlen belegen das Ausmaß der Gefährdung.«[20]

Elisa

Erfahrungen von Eltern

Wenn Menschen unterschiedlicher Hautfarbe sich ineinander verlieben und zusammenleben wollen, dann kriegen sie häufig skeptische Kommentare zu hören: »Geht das denn?« – »Mußte es denn gerade so jemand sein?« Bekommen sie dann gar Kinder, ein in allen Kulturen prinzipiell erfreuliches Ereignis, beginnen manchmal sogar Mitmenschen zu warnen, die sich selbst als offen und fortschrittlich beschreiben: »Bürdet ihr damit dem Kind nicht eine ungeheure Last auf?« Entschließen sich Väter und Mütter, ein Kind aus einem anderen Land zu adoptieren, werden ähnliche »Sorgen« geäußert: »Ist es verantwortlich, ein Kind aus seinem Kulturkreis zu reißen?«
Dabei wird in der Regel übersehen, daß sich die Betroffenen gerade diese Gedanken schon selbst in hohem Maße gemacht haben und eigentlich eher konstruktive Unterstützung gebrauchen könnten statt noch eine Verstärkung möglicher Unsicherheiten. Es ist wohl nicht unrealistisch zu unterstellen, daß Menschen mit unterschiedlichen Hautfarben, die miteinander eine Beziehung eingehen, sich nicht nur einer Vielzahl Probleme bewußt sind (die sie allzu häufig ja bereits direkt erfahren haben), sondern vermutlich auch selbst bereits mehrfach und besonders gut geprüft haben, wie stark ihre Zuneigung, Verläßlichkeit, Liebe ist. Sie wissen nur zu gut, daß »ein Irrtum«, der bei anderen Paaren eben zu einer gewöhnlichen Trennung führt, bei ihnen für die nicht-deutsche Partnerin bzw. den nicht-deutschen Partner existentielle Konsequenzen (z. B. den Ablauf des Aufenthaltsrechts) haben kann.
Und natürlich kann es niemals darum gehen, Kindern mit

nicht-weißer Hautfarbe – sozusagen stellvertretend für die umgebende weiße Mehrheits-Gesellschaft – die Lösung rassistischer Konflikte »aufzubürden«. Daß sie in ihrem Leben auf die eine oder andere Weise vermutlich mit unterschiedlichen Minderheiten-Erfahrungen konfrontiert werden, wird unvermeidlich sein. Wie sie diese verarbeiten können, hängt jedoch von vielfältigen Umständen ab.

Es gibt durchaus auch Minderheiten-Erfahrungen, die selbstbewußt, sensibel und stark machen können. Dabei erinnere ich mich an einen älteren schwarzen Mann aus New York, der sagte, daß es für ihn heute viel einfacher sei, mit der Ausgrenzung der Alten aus der Gesellschaft klarzukommen und sich dagegen zu wehren, als manchen Weißen in seinem Altersheim, die bis dahin wohlbehütet mit ihrem Mehrheitsbewußtsein gelebt hatten.

Was das »Herausreißen« von Kindern aus bestimmten »Kulturkreisen« angeht, so steht auch dahinter bereits ein rassistisches Denkmodell. Jedes Kind, unabhängig von Hautfarbe oder Herkunft der Großeltern, wird die Familie als sein Zuhause empfinden, in der es Liebe und Achtung erfährt. Die Zugehörigkeit zu einem »Kulturkreis« ist ein Umstand, der ihm erst viel später und vor allem von außerhalb der Eltern-Kind-Beziehung angetragen werden wird. Wichtig wäre hierbei vor allem, es dem Kind zu ermöglichen, sich selbst zu orientieren und später seine eigenen Entscheidungen zu treffen, statt es mit vorgefertigten Ideologien zu konfrontieren, etwa der Behauptung: »Schwarze Kinder gehören nicht zu unserem (!) Kulturkreis!« Gerade vor diesem Hintergrund könnte man auch genau gegensätzlich argumentieren: Je mehr Kinder und Jugendliche mit nicht-weißer Hautfarbe hierzulande aufwachsen, um so selbstverständlicher dürfte es mit der Zeit für die anderen und um so besser für die bis dahin Vereinzelten sein.

Schließlich: Es wäre mehr als erfreulich, wenn all diejenigen, die sich solche »Sorgen« um geflüchtete oder adoptierte »herausgerissene Kinder« aus armen Ländern machen, sich ebensosehr den Kopf darüber zerbrechen würden, wie denn die Situation dieser Kinder in ihren Herkunftsländern so verbessert werden könnte, daß ihr Leben dort nicht länger von Hunger, Krankheit oder Krieg bedroht ist. Solange nach Angaben der UNO noch täglich (!) mehr als 40 000 Kinder aus Mangel an Nahrung und medizinischer Versorgung sterben, solange muß es geradezu zynisch erscheinen, engagierte Eltern oder Pädagogen mit der Kritik des »Herausreißens« zu konfrontieren. Diese Kritik sagt häufig mehr über die rassistische Wirklichkeit der eigenen Gesellschaft aus: Nicht die Kinder sind hier fehl am Platze, sondern alle Verhaltensweisen, die ihren Aufenthalt hier erschweren.

Elisa hat ihren späteren Mann Lucas an der Uni in H. noch zu DDR-Zeiten kennengelernt. Beide studierten im gleichen Semester Medizin: Er ein junger Student aus Namibia, der über ein Flüchtlingslager in Angola in die DDR gekommen war, sie eine eher behütete Lehrerstochter, geboren und aufgewachsen in H. Ihre Liebe wird von Anfang an beargwöhnt: Weiße Kommilitonen Elisas warnen sie vor der »Unzuverlässigkeit der afrikanischen Männer«, schwarze Freunde von Lucas erzählen ihm, daß Elisa es »nur schick« finden würde, sich mit einem Schwarzen sehen zu lassen.

»Der Gipfel war«, erinnert sich Elisa, »als ein SED-Fritze von der Uni mich einmal zu einem Gespräch unter vier Augen bat, wie er es nannte. Dabei erklärte er mir lang und breit, die DDR-Regierung verstehe unter Solidarität mit den unterdrückten Völkern, die Menschen hier auszubilden und dann so schnell wie möglich zurück in ihre Länder zu schicken, damit sie dort am Aufbau mitarbeiten könnten. Entstehende Bindungen während der Ausbildung würden diesen Plan stören und dem Kapitalismus zuarbeiten.

Als ich ihm sagte, daß Lucas – damals – gar nicht in seine Heimat zurück könnte, weil er dort sofort eingesperrt würde und

außerdem ich ja – wenn sein Land einmal unabhängig wäre – auch mit ihm gehen könne, meinte er, dies sei eine typisch individualistische Sichtweise, zudem bestimmt von Naivität und Egoismus.
Ich weiß nicht, was von dem noch an Schikanen gekommen wäre, hätte sich nicht kurz danach die Wende und all das angekündigt, wobei der Kerl selber einer der ersten war, die sich über Ungarn nach Westdeutschland absetzten.«[20]
In der Endphase der DDR lebte Lucas, wie die meisten ausländischen Studenten und Auszubildenden, in einem Wohnheim, in dem der Alltag streng reglementiert war. All seine Bemühungen, irgendwo ein Privatzimmer zu bekommen, waren unterbunden worden, angeblich aus Kostengründen. Als Elisas Eltern, die Lucas ohne Vorurteile begegneten, bei einer Tante ein Zimmer kostenlos für ihn zur Verfügung stellen wollten, wurde dies regelrecht untersagt, »weil dies der zum Studium nötigen Disziplin abträglich« sei. Lucas war zu diesem Zeitpunkt fünfundzwanzig Jahre alt, Elisa dreiundzwanzig – behandelt wurden sie wie Kinder, die vorhatten, eine Dummheit zu begehen.
»Obwohl meine Eltern sich Lucas und mir gegenüber wirklich fair verhielten, hätten sie uns aus Angst vor den spießigen Nachbarn niemals erlaubt, bei uns daheim gemeinsam zu übernachten. Mein Vater hatte einerseits große Achtung vor Lucas, ›weil der all das auf sich nimmt hier in dem kalten Land und trotzdem so fleißig ist und schon so gut deutsch spricht‹, aber wenn Lucas nicht da war, wurde er doch nicht müde, mich zu warnen, ›auf was ich mich da einlassen würde‹.
Eine Mitstudentin, die ich bis dahin für eine Freundin gehalten hatte, sagte einmal wörtlich zu mir: ›Mit dem wirst du doch sowieso nie Kinder haben können, jedenfalls keine glücklichen Kinder!‹ Ich habe kein Wort mehr mit ihr geredet.
Und was haben wir gemacht? Wie tatsächlich unreife Jugendliche haben wir uns im Sommer ab und zu an einer einsamen

Lichtung im Wald getroffen, um wenigstens einmal allein sein zu können. Ich hatte volles Vertrauen zu Lucas, daß er diese Situationen nie ausnutzen würde – und das hat er auch nie enttäuscht. Im Gegenteil: Mein erster deutscher Freund, der konnte sich unter Liebe nur Beischlaf vorstellen. Lucas dagegen war so zärtlich und liebevoll, gleichzeitig so schön und stark, daß ich sehr darunter litt, daß wir nicht so wie andere junge Menschen zusammensein konnten. Es war so toll mit ihm, daß ich manchmal, wenn wir mit der Straßenbahn zurückfuhren, die unfreundlichen Blicke oder auch blöden Bemerkungen der anderen Fahrgäste gar nicht hörte.«

Nach dem Fall der Mauer, einem Ereignis, das bei den beiden mit dem ersten medizinischen Examen zusammenfällt, wollen beide so schnell wie möglich weg aus H. und ihre Ausbildung in einer Stadt in Westdeutschland fortsetzen. Mit Hilfe der Kontakte eines Onkels aus dem Westen zu einer Uni im Ruhrgebiet sowie einer Unterstützung der westdeutschen Otto-Benecke-Stiftung, die Studenten u. a. aus Namibia fördert, gelingt es den beiden tatsächlich, in den Westen zu gehen. Sogleich beginnen sie, alles für eine Hochzeit vorzubereiten.

»Dabei stießen wir jedoch auch hier auf zunächst unüberwindliche Schwierigkeiten. Vor allem, daß wir über kein ausreichendes Einkommen verfügten (das Stipendium von Lucas sowie meine Jobs als Nachtwache im Krankenhaus wurden als ungenügend angesehen), schien eine Weile das größte Problem. Da mein Vater als ehemaliger Staatsbürgerkunde-Lehrer arbeitslos geworden war, konnten auch meine Eltern uns nicht helfen. Dann entschlossen wir uns aber doch, zum Standesamt zu gehen, um weiteren diskriminierenden Erfahrungen zu entgehen – zum Beispiel bei der Wohnungssuche (wir wohnten ja immer noch in zwei winzigen Zimmerchen in zwei verschiedenen Studentenwohnheimen).

Dort stellte sich heraus, daß Lucas irgendwelche Dokumente aus Namibia haben müßte, die eindeutig nachweisen, daß er dort nicht verheiratet sei. Dies war aber praktisch unmöglich. Denn obwohl Namibia inzwischen unabhängig geworden war, hatte es noch keinerlei organisierten Verwaltungsapparat. Wir versuchten es schließlich über die neu eingerichtete namibische Botschaft in Bonn, wo man sogar so nett war, uns einfach einen Brief in Englisch und Deutsch mitzugeben, in dem alle Angaben von Lucas bestätigt wurden. Dieses Dokument wurde jedoch vom Standesamt nicht anerkannt.

Da ich inzwischen schwanger war, entschlossen wir uns, von Freunden Geld zu leihen und nach Windhoek zu fliegen, um dort zu heiraten. Dort ging alles sehr einfach, und vier Monate später wurde unser erster Sohn David in der namibischen Hauptstadt geboren. Ich lernte einen Teil der Familie von Lucas kennen. Vor allem seine Mutter, eine Frau, die neun Kinder hatte, mag ich sehr.

Leider wurde ich kurz darauf krank. Ich dachte erst, das hinge noch mit der Geburt zusammen. Die Ärzte meinten jedoch, mein Kreislauf habe große Probleme mit dem Klima, und rieten mir, so bald wie möglich zurück nach Deutschland zu gehen. Lucas hatte inzwischen eine Praktikumsstelle in einem Krankenhaus gefunden. Deshalb ging ich fürs erste mit David allein zurück nach Deutschland. Ich sollte mich zunächst erholen, dann wollten wir weitersehen.

In Deutschland stellte sich heraus, daß es nicht nur Kreislaufprobleme waren. Es wurde ein Herzfehler diagnostiziert, mit dem ich in keinem Fall nach Namibia zurückgehen dürfte. Es war ein schrecklich trauriges Telefonat, in dem ich dies meinem Mann mitteilte. Denn ich wußte, daß es sein Herzenswunsch war, mit mir und David in Namibia zu leben. Wir haben lange überlegt, was wir machen sollten. Nur aus Liebe zu mir willigte Lucas ein, zurück nach Deutschland zu kommen.

Hier jedoch stießen wir erneut auf unglaubliche Probleme. Zuerst wurde die in Windhoek geschlossene Ehe nicht anerkannt. Lucas mußte anfangs mit einem Touristenvisum einrei-

sen (was ihm später prompt vorgeworfen wurde). Erst nach vielem Hin und Her bekamen wir die entsprechende deutsche Urkunde.
Dann mußten wir eine Wohnung für unsere kleine Familie finden. Was ich in diesen Wochen des Suchens durchgemacht habe, ist wirklich kaum zu beschreiben. Hinzu kam noch, daß ich ja gesundheitlich angeschlagen war.«
Mehrfach machen sie die Erfahrung, daß, als Elisa anruft, eine Wohnung noch frei ist. Als sie dann zu zweit oder zu dritt auftauchen, ist »die Wohnung leider gerade vergeben« worden. Hinzu kommt, daß Lucas in Deutschland zunächst keinen Praktikumsplatz findet und seine Ausbildung als Arzt nicht fortsetzen kann. Um die Familie zu erhalten, nimmt er schließlich jeden Job an: »Einmal hat er in einem Delikatessengeschäft als Packer die Regale gefüllt. Ohne Begründung wurde er nach zwei Wochen entlassen. Eine Kassiererin, die ihn mochte, hat ihm nach einiger Zeit den Grund gesagt: Einge ältere Kunden – der Laden lag in einer durchaus vornehmen Gegend – hätten dem Besitzer gegenüber geäußert, daß sie nicht gegen das Gefühl könnten, daß die Waren irgendwie schmutzig seien, wenn er sie angefaßt hatte.«
Elisa ist froh, daß sie während der zweimal notwendig werdenden längeren Krankenhausaufenthalte einen Kinderladen in der Nähe findet, wo der kleine David freundlich aufgenommen wird. Die Eltern machen sich eigene Gedanken, auch weil David bereits das dritte Kind mit nicht-weißer Hautfarbe ist, und überprüfen zum Beispiel Spiele und Kinderbücher, inwieweit darin rassistische Inhalte vermittelt werden. Erschrocken stellen sie fest, daß sich in ihren Regalen von den »Zehn kleinen Negerlein« über manche Geschichten von Wilhelm Busch bis hin zu »Negerpüppchen« mit Bastrock und Goldring einiges findet, was nicht gerade hilfreich für das gegenseitige Verständnis der Kinder sein dürfte.
»Das war wie ein Geschenk«, sagt Elisa, »wir waren doch so

gewöhnt, immer selbst auf derartigen Mist aufmerksam zu machen. Dieses Mal kam das einfach so von den anderen Vätern und Müttern. Als Lucas einmal auf dem Elternabend sagte, wie sehr wir uns über diese Initiative gefreut hätten, sagte eine Mutter: ›Aber das tun wir doch genauso für unsere eigenen Kinder, damit die einmal weniger Schund im Kopf haben als ihre Eltern.‹ «

Vor wenigen Wochen erst stieß Elisa durch einen Zufall auf das Buch *Farbe bekennen*, in dem Frauen afro-deutscher Herkunft ihre Geschichten erzählen und in dem auch ein historischer Abriß gegeben wird über die Lebenssituation von Menschen afrikanischer Herkunft in Deutschland. Für Elisa wird die Lektüre dieses Buches zu einem Schlüsselerlebnis: »Ich war ein paar Tage wie im Rausch. Mich hat es unglaublich beeindruckt

Coverfoto des Buches »Farbe bekennen – Afro-deutsche Frauen auf den Spuren ihrer Geschichte«, Orlanda Frauenverlag, Berlin

zu lesen, wie andere junge Frauen ihre Erfahrungen schildern. Und häufig waren es die kleinen sensiblen Szenen, die mich besonders anrührten. Zum Beispiel schreibt Katharina Oguntoye, die 1959 wie ich in der DDR geboren wurde, daß sie im Kindergarten ein Lied besonders mochte und erst später begriff, warum. Mir ging es mit diesem Lied genauso, ich kann es noch heute auswendig:

Meine Katze heißt Mohrle,
hat ein schwarzes Ohrle
hat ein schwarzes Fell
und wenn es was zu schleckern gibt,
dann ist sie gleich zur Stell.

Ich hoffe, daß ganz viele Menschen, nicht nur Betroffene, wie man so sagt, dieses Buch lesen, weil es so schön ist, auch in der Sprache und in den Gedichten, die darin abgedruckt sind. Bewußte Gedichte, nicht Kinderverse wie das von der Katze Mohrle, die ich wahrscheinlich nur deshalb so liebte, weil jeder sie mochte, alle Kinder sangen das Lied damals, ohne sich etwas dabei zu denken. Nur ich fühlte wohl etwas Besonderes dabei.«[21]

2. Teil
Die eigene Haut retten

Rassismus im Kopf

In den vierziger Jahren führten Wissenschaftler in den USA das folgende Experiment durch: Einer Gruppe von weißen Versuchspersonen wurde das Foto einer Szene in der U-Bahn gezeigt, in der zwei Fahrgäste, ein Schwarzer und ein Weißer, miteinander sprechen. Der Weiße hält in seiner linken Hand ein offenes Rasiermesser. Die Aufgabe: Die Versuchsperson sollte einer anderen, die das Foto nicht gesehen hatte, den Inhalt des Fotos beschreiben, diese wiederum einer dritten usw. Dies wurde über eine Kette von sechs Personen fortgesetzt. Das Ergebnis: Mehr als die Hälfte der letzten Versuchspersonen in der Kette lokalisierten das Messer in der Hand des Schwarzen. Einige gaben an, der Schwarze »bedrohe« den Weißen und er »schwinge das Messer«.
Bei einem Gegenexperiment mit schwarzen Versuchspersonen sowie mit weißen und schwarzen Kindern gaben alle korrekt wieder, daß der weiße Fahrgast ein offenes Rasiermesser in der Hand gehalten habe.[22]

In schlechter Gesellschaft

Das Erbe des NS-Rassismus

Rassismus ist keine Erfindung der deutschen Nazis. In den meisten europäischen Ländern gab es im Gefolge des Kolonialismus rassistische Politiker, die die »Höherwertigkeit der weißen und arischen Rassen« gegenüber den minderwertigen »negroiden und semitischen Rassen« betonten. Als 1918 nach dem verlorenen Ersten Weltkrieg bei der Besetzung des Rheinlandes von den Franzosen auch schwarze Soldaten eingesetzt wurden, sprach man in Deutschland empört von einer »Schmach für die ganze weiße Rasse«. Die etwa achthundert dunkelhäutigen Kinder, die aus Beziehungen zwischen deutschen Frauen und französischen Soldaten hervorgingen, wurden abfällig »Rheinlandbastarde« genannt. Alle politischen Parteien (mit Ausnahme der USPD) klagten in einer Resolution: »Für deutsche Frauen und Kinder – Männer wie Knaben – sind diese Wilden eine schauerliche Gefahr.«[23]

Ab 30. Januar 1933 wurde mit der Ernennung Adolf Hitlers zum Reichskanzler Rassismus deutsche Regierungspolitik. Jedoch auch hier ist der Hinweis des Historikers George L. Mosse[24] nicht zu vergessen, daß Hitler nicht die »Macht ergriffen« hatte (wie viele Geschichtsbücher bis heute schreiben), sondern zunächst in einer Koalition mit der konservativen Deutschen Volkspartei (DNVP) legal an die Macht kam: Auch diese Partei hatte sich »stark des Rassismus bedient, um die Massen zu mobilisieren«, und selbst wenn die Nazis wieder aus der deutschen Politik verdrängt worden wären, hätte die DNVP zumindest alles getan, um die deutschen Juden gesellschaftlich zu isolieren und »vom deutschen Leben« auszuschließen.

George L. Mosse betont dieses Bündnis zwischen Rassisten und Mittelstand, das zur Folge hatte, »daß selbst jene, die keine überzeugten Antisemiten waren, die anfänglich gemäßigten Aktionen gegen die Juden dulden und neuen Stolz und Ansehen darin finden konnten, Deutsche zu sein...« Psychologisch erklärt er dies mit den Idealen des Mittelstands, die er charakterisiert mit Eigenschaften wie »Sauberkeit, Anstand, moralischer Ernst, harte Arbeit, Familienleben«: »Der männliche, hellenistische Typ neben dem dunklen und mißratenen Bösewicht... Wenn man einer Idee erst einmal eine Existenz zugeordnet hat, dann will der Verstand sie leben sehen, und das kann er nur dadurch erreichen, daß er sie personalisiert.«

Für den Schulunterricht wurde Rassismus als »die Krönung« der Bildung beschrieben, die darin bestehen sollte, »daß sie den Rassesinn und das Rassegefühl instinkt- und verstandesmäßig in Herz und Gehirn der ihr anvertrauten Jugend hineinbrennt«.[25] Es sind zahlreiche Berichte überliefert, wie sich ein solch offizieller Auftrag im Handeln konkreter Menschen niederschlug, und das bereits in der Anfangsphase der NS-Zeit, als von Deportationen und Massenmord noch keine Rede war.

Ein Beispiel aus dem Schulalltag, wie sich der Prozeß der Verankerung von Rassismus und Antisemitismus in den Köpfen vollzog, soll kurz vorgestellt werden[26]: Anfang Oktober 1933 schreibt ein Vater einen Leserbrief an die Hetz-Zeitung *Der Stürmer* (Auflage: ca. 600 000), in dem er sich darüber beschwert, daß sein Sohn, der ein Stuttgarter Gymnasium besucht, von einem Lehrer getadelt worden sei, weil dieser einem der frechen »Judenlümmel eine saftige Ohrfeige« gegeben habe. Weiter wirft er dem Lehrer vor, daß dieser auch noch »eine große Rede« gehalten habe, »daß die Juden auch Menschen seien«.

Der Direktor des Gymnasiums nimmt am 11. Oktober 1933 gegenüber dem zuständigen Schulrat zu dem Vorfall Stellung:

Es »widerspricht allen unseren Beobachtungen, daß die drei nichtarischen Schüler der Klasse 3a... sich ›frech‹ benommen haben; vielmehr ist nachgewiesen, daß mindestens einer der drei oft von seinen Mitschülern behelligt und schlecht behandelt worden ist. Dagegen einzuschreiten, war gewiß die Pflicht des Klassenlehrers, in diesem wie im vergangenen Jahr.«
Der Schulrat reagiert drei Tage später mit der Mitteilung, daß »der Herr Kultusminister entschieden (hat), daß zur Entgiftung der ganzen Atmosphäre die drei beteiligten jüdischen Schüler der Klasse 3a die Anstalt unverzüglich zu verlassen haben... Es wäre wünschenswert gewesen, daß der Vorhalt, der mit Recht vom Klassenlehrer den Mitschülern über ihr Betragen gegen die Juden gemacht wurde, nicht in Gegenwart der jüdischen Schüler vorgebracht worden wäre.« Die Deutschen, »ein Herrenvolk von Untertanen«[27], spottete einmal der Schriftsteller Heinrich Mann. Und sein Kollege Erich Kästner ergänzte nach dem Krieg: »Courage bleibt ein Fremdwort in Deutschland.«[28]
In ihrem Beitrag über die »afro-deutsche Minderheit« schreibt May Ayim in Bezug auf die NS-Zeit: »Nach Schätzungen... wurden von den deutschen Nationalsozialisten etwa 2000 schwarze Menschen in Konzentrationslagern interniert, ... mindestens 400 schwarze Deutsche (wurden) zwangssterilisiert. Eine geringe Zahl von Afro-Deutschen überlebte den Holocaust, weil sie zu Propagandazwecken gebraucht und deshalb geschont wurden.«[29]
Die Geschichte des 1926 in Deutschland als Sohn eines Liberianers und einer Hamburger Krankenschwester geborenen Hans Massaquoi zeigt, daß ein weiterer Grund zuweilen hinzukommen konnte: Die Verfolgung anderer Minderheiten war noch nicht immer in dem Maße systematisiert wie das enge Netz gegenüber den Juden. Dabei gab es vor allem auch regional und in den verschiedenen Phasen der NS-Zeit große Unterschiede. Hans Massaquoi überlebte nicht nur den NS-Terror, sondern engagierte sich später bewußt für die Rechte von

Schwarzen. Heute ist er in Chicago Chefredakteur von »Ebony«, der in den USA auflagenstärksten Schwarzen-Zeitschrift.[30]

Hans verbrachte seine ersten Lebensjahre in der Villa seines Großvaters in der Hamburger Johnsallee 22. Dieser bekleidete die Position des Generalkonsuls von Liberia, dem in den zwanziger Jahren neben Äthiopien einzigen unabhängigen afrikanischen Staat, und hatte einen Teil der Familie mit nach Deutschland genommen – so auch Hans' Vater, der zu jener Zeit als ältester Sohn noch Recht und Wirtschaft in Hamburg und England studierte. In der Zeit lernte er Hans' Mutter Berta kennen und heiratete sie wenig später.
Da der Vater häufig unterwegs war, lag die Erziehung des kleinen Hans vor allem in den Händen des Großvaters und der Mutter. Den Großvater erinnert Hans bis heute als eine »bedeutende Persönlichkeit, ein echter Patriarch und angesichts der Vorreiterrolle Liberias einer der ersten Sprecher des freien Afrikas in Europa: Viele afrikanische Intellektuelle und Freiheitskämpfer – wie zum Beispiel der spätere Präsident von Kenia Jomo Keniata – waren wegen des Kolonialismus in ihren Ländern zu dieser Zeit im Exil in Europa, und das Haus meines Großvaters war eine Art Treffpunkt für sie. Großvater war sehr stolz, einen Enkel zu haben, der akzentfrei deutsch sprechen konnte.«[31]
»Oft wurde ich nachts aufgeweckt und sang zur Belustigung der Gäste meines Großvaters ›Hänschen klein‹.«[32]
Ende der zwanziger Jahre veränderte sich das Leben von Hans radikal, als sein Großvater zurück nach Liberia ging, um dort für die Präsidentschaft zu kandidieren. Auch sein Vater ging mit und ließ Frau und Kind allein zurück in Hamburg. Eigentlich war die Trennung der Familie nur vorübergehend geplant. Aber der Großvater verlor die Präsidentschaftswahlen, und weil der Wahlkampf sehr aggressiv geführt worden war, mußte

die gesamte Familie Massaquoi in Liberia eine Weile untertauchen. 1929 zog Hans mit seiner Mutter in eine kleine Dachwohnung nach Hamburg-Barmbek.
Da seine Mutter wieder als Krankenschwester arbeitete, wurde Hans ab jetzt überwiegend von einer älteren Nachbarin betreut: »Tante Möller, eine Kriegerwitwe, hatte einen Narren an mir gefressen.«[32] In der direkten Wohnumgebung kennen alle den »niedlichen Negerjungen«. Erst als er 1932 eingeschult wird, muß er erste ablehnende Erfahrungen sammeln: Mitschüler ziehen ihn an seinen lockigen schwarzen Haaren und hänseln ihn als »Neger«.
Im ersten Schuljahr wird er noch weitgehend beschützt durch seine Klassenlehrerin, Fräulein Beyle, die, wo immer möglich, eingreift und ihn verteidigt. Sie bittet einen älteren Schüler, während der Pausen ihm zur Seite zu stehen. Dieser Junge – »Wolfgang Neugebauer, ein blonder Junge mit blauen Augen und allem germanischen Drum und Dran«[31] – wird sein Freund und bleibt es auch während der gesamten NS-Zeit, obwohl er begeistert bei der HJ mitmacht und später als Soldat nach Polen geht, von wo er nie zurückkehrt.
1933 wird die geliebte Klassenlehrerin entlassen, und Nazilehrer beginnen, ihm das Leben schwerzumachen. Sie lassen ihn spüren, daß er als »minderwertig« angesehen wird: »Das einzige, was mir half, war die Freundschaft zu Wolfgang und daß ich niemals Lernschwierigkeiten hatte. Ich gehörte intellektuell und sportlich immer zu den Besten ... Wenn die Lehrer dann die Überlegenheit der arischen Rasse demonstrieren wollten, war ich eigentlich ein eher ungeeignetes Beispiel aus ihrer Sicht.«[31]
Zu Beginn der NS-Zeit ist Hans trotz allem wie die meisten anderen Kinder und Jugendlichen fasziniert von den Aufmärschen mit Fahnen und Musik, die die Nazis durchführen: »Ich mochte die Uniformen und die Aufmärsche. Ich war wie die anderen und kannte alle militärischen Abzeichen und Ränge.

Ich war für Hitler. Das einzige, was ich nicht mochte, war, daß sie mich anders behandelten ... Als ich zehn Jahre alt war, wurden nach und nach alle Klassenkameraden Mitglieder der HJ, also vom Jungvolk zuerst. Es gab da eine Wandtafel, auf die der Lehrer für jeden Schüler ein kleines Quadrat gezeichnet hatte. Zu Unterrichtsbeginn wurde dann gefragt: ›Wer ist gestern eingetreten?‹ Jeden Tag wurden dann neue Namen in die Quadrate eingetragen, und zuletzt war nur noch ein Quadrat leer. Alles, was ich wollte zu der Zeit, war, auch Mitglied zu werden. Wenn sie mich gelassen hätten, wäre ich sehr wahrscheinlich ein begeisterter Hitlerjunge geworden.«[31]

Da sie ein »Mischlingskind« hat, wird Hans' Mutter von einem auf den anderen Tag als Krankenschwester entlassen. Auf der Straße wird sie von fremden Leuten angepöbelt, ob sie sich nicht schämen würde mit so einem »Bastard«. Ein freundlicher Arzt stellt sie als Putzfrau bei sich an. Sie erträgt all die Erniedrigungen, ohne ihr Kind zu verleugnen.

Eine Episode vom Beginn der NS-Zeit illustriert ihre Haltung: An der Ecke der Straße, in der Hans mit seiner Mutter wohnte, befand sich ein Treffpunkt der NSDAP, das Lokal eines italienischen Nazis. Einmal lief Hans am Lokal vorbei, als einer der Braununiformierten ihn am Kragen packte und mit in den Versammlungssaal zerrte. Hans schlug und trat um sich, hatte aber als Kind keine Chance gegen den Erwachsenen. Drinnen schleppte der Mann den Jungen auf die Bühne und gröhlte lachend zum Publikum: »Guckt mal, was wir hier haben!«

»Inzwischen war meine Mutter von einer Nachbarin alarmiert worden und raste die Treppe herunter und in das Lokal. Da es ziemlich voll war, bahnte sie sich ihren Weg, indem sie die Männer wegschubste und boxte. Als sie bei der Bühne angekommen war, riß sie mich dem verdutzten Nazi aus den Armen und verließ mit mir den Saal, ohne daß sie jemand auch nur anfaßte. So eine Art hatte Mutter. Sie redete nicht viel, sie handelte ...«[31]

In der Schule werden die Erniedrigungen allmählich immer schlimmer. Einmal spricht ihn sein Schulleiter an und sagt haßerfüllt: »Wenn wir mit den Juden fertig sind, bist du dran!«[32] Erst jetzt verändert sich allmählich seine Haltung gegenüber dem Nationalsozialismus. Und er versucht nicht länger, seine lockigen Haare glatt zu bekommen.
Obwohl er zu den Klassenbesten gehört, darf er mit zwölf Jahren »als Mischling« nicht aufs Gymnasium, sondern muß eine Lehre als Bauschlosser beginnen. Trotz seiner Begabung im Boxen ist ihm die Teilnehme an Meisterschaftswettkämpfen verwehrt.
»Erst ganz langsam begriff ich, daß nicht ich verkehrt war, sondern die Nazis. Noch zu Beginn des Krieges 1939 wäre ich wie mein Freund Wolfgang auch gern Soldat geworden – ich wollte nicht bei den alten Männern und Frauen und Kindern bleiben. Aber die Zweifel wurden immer stärker. Als immer mehr meiner ehemaligen Mitschüler als gefallen gemeldet wurden und ich allmählich mitbekam, was mit den Juden geschah, da begann ich zu verstehen.«[31]
Er findet Kontakt zu anderen oppositionellen Jugendlichen. Im Barmbeker »Café König« treffen sich die »Swing-Boys«, die dort amerikanische Jazz-Musik hören, sich mit langen Schlaghosen und zweireihigem Jackett kleiden und die Haare länger wachsen lassen – »bei mir wurde es zum garantiert ersten Afro-Look von Hamburg ...«[32]
Obwohl es unter den Nazis streng verboten ist, hat er eine deutsche Freundin. Aber er versucht, die Beziehung geheim zu halten. Als seine Mutter trotzdem davon erfährt, beschwört sie ihn, vorsichtig zu sein, aus Angst, er könne verhaftet und kastriert werden.
Einige Zeit später, die schweren Luftangriffe der Alliierten auf Hamburg haben bereits stattgefunden, spricht ihn einmal spät abends ein junger Mann an, der sagt, er habe ihn im »Café König« gesehen. Wenig später meint er, daß er von den »Nazi-

Schweinen« genug habe und hoffe, daß es bald mit Hitler vorbei sei. Hans ist zunächst erschrocken und unsicher, ob er seinem Gegenüber vertrauen kann oder es sich vielleicht nur um eine Falle handelt. Schließlich sagt der junge Mann: »Mach dir mal keine Sorgen, ich bin Halb-Jude und ich möchte, daß du unsere Familie kennenlernst.«[31]

Der junge Mann heißt Egon Giordano und bringt ihn noch in derselben Nacht zu seiner Familie, die in einem Keller unter einem ausgebombten Haus lebt, um die jüdische Mutter vor der Deportation zu retten. Dort lernt Hans auch Ralph Giordano kennen, einen Bruder Egons, der ihn viele Jahre später in seinem berühmten Roman »Die Bertinis« [33] in fiktionalisierter Form beschreiben wird.

Für Hans ist diese Begegnung eine aufwühlende Erfahrung: »Zum ersten Mal in meinem Leben traf ich Leidensgefährten. Ich kannte keinen anderen Schwarzen in ganz Hamburg und bis dahin kannte ich persönlich auch keine Juden. Sie hockten da im Keller in ihrem Versteck, und ich hatte wahnsinnige Angst, daß man uns zusammen finden könnte – einen Schwarzen und eine jüdische Familie! Aber dann umarmten sie mich wie einen lange vermißten Freund. Von da an half ich auch mit, daß sie die letzten Kriegsmonate dort überleben konnten.«[31]

In diesen Monaten wird Hans einmal beinah selbst Opfer einer aufgebrachten Menschenmenge. In der Nähe des Harburger Bahnhofs wird er mit einem amerikanischen »Terrorpiloten« verwechselt, da er seine Arbeitskleidung trägt – Overall, Stiefel und Schweißerbrille um den Hals. Beinah wird er gelyncht. Aber im letzten Moment geht ein Polizist dazwischen, treibt die Menge auseinander und kontrolliert ruhig seine Papiere. Dann läßt er ihn unbehelligt ziehen.

In den letzten Kriegstagen wohnen Hans und seine Mutter in einer Notunterkunft für ausgebombte Menschen, einer leerstehenden Schule. Die britische Armee kann die Stadt kampflos einnehmen, da der Bürgermeister und Gauleiter Karl Kaufmann entgegen Hitlers Befehlen sich geweigert hat, noch mehr Menschen in einer sinnlosen Verteidigung zu opfern. In dem Klassenraum, in dem Hans schläft, liegen sonst nur alte Männer. Einer schüttelt ihn Anfang Mai 1945 wach und sagt: »Hans, deine Freunde sind da!«

Nun ist seine Hautfarbe zum ersten Mal in seinem Leben von Vorteil. Er beginnt, als Dolmetscher für die englische Armee zu arbeiten. Als die ersten amerikanischen Handelsschiffe im Hamburger Hafen mit vielen schwarzen Seeleuten anlegen, erlebt Hans aufregende Stunden. Zum ersten Mal sieht er so viele Männer mit unterschiedlich dunklen Hautfarben. Er besucht die Schiffe ohne besondere Papiere. Jeder hält ihn für einen amerikanischen Seemann, und kaum einer kann glauben, daß er die gesamte NS-Zeit in Deutschland zugebracht hat.

Sogleich beginnt er, Briefe an seinen Vater nach Liberia zu senden. Aber erst 1947 bekommt er Antwort. Sein Großvater ist gestorben, jedoch hat sein Vater inzwischen selbst als Geschäftsmann in Liberia eine verantwortliche Rolle übernehmen können. Er sendet dem Sohn einen liberianischen Paß, mit dem Hans – ohne seine Mutter – 1948 nach Afrika ausreist. Als der Vater 1950 bei einem Autounfall tödlich verunglückt, will Hans nicht zurück nach Deutschland, sondern geht nach Chicago, wo Verwandte seiner Mutter wohnen. Nach zwei Jahren bei der amerikanischen Armee kann er hier nachholen, was ihm in Deutschland verwehrt worden war: ein Studium, das er an der Universität von Illinois absolviert. 1957 lernt er durch einen Zufall den schwarzen Verleger John H. Johnson kennen und arbeitet seitdem für die ausschließlich von Schwarzen für Schwarze herausgegebene Zeitschrift »Ebony«.

»Ich bin den Nazis durch die Maschen gegangen, weil sie für Schwarze noch keine Karteien eingerichtet hatten. Es war noch nicht die Zeit der Computer. Zu Beginn der NS-Zeit sandten sie andauernd alle möglichen Fragebogen herum, die in der Schule und zu Hause ausgefüllt werden mußten, um festzustel-

len, wer jüdisch sei und wer nicht. Den füllten meine Lehrer und meine Mutter immer treu und brav aus und machten immer ein Kreuz bei ›nicht jüdisch‹. Natürlich war auch Glück dabei. Jeder hätte mich jederzeit denunzieren können. Aber die Menschen in der Barmbeker Arbeitergegend, wo Mutter und ich wohnten, die respektierten uns, wir hatten da schon vor 1933 gewohnt, die kannten uns.«[31]
Auf die Frage, was er heute schwarzen Kindern und Jugendlichen empfehlen könne, die sich diskriminiert fühlten, antwortet er: »Das, was ich am meisten vermißte, während ich in Nazi-Deutschland aufwuchs, war jemand wie ich. Deshalb

Hans Massaquoi als Kind in Hamburg und heute als Chefredakteur von »Ebony« in Chicago

kann ich nur einen Rat geben: Tut euch zusammen, mit Kindern oder Jugendlichen, die in einer ähnlichen Situation sind. Ich wünschte, ich hätte eine Gruppe gehabt damals. Ich mußte alles allein durchstehen.«[31]

Wir und die anderen

Alltäglicher Rassismus und Sexismus

Vorurteile können wirkliche und eingebildete Komponenten haben, ihre Auswirkungen auf die jeweils Beurteilten jedoch sind immer real – und in der Regel ausgrenzend, schmerzhaft, erniedrigend. Psychologisch und pädagogisch ist es wenig hilfreich, auf Vorurteile mit Belehrung zu reagieren. Reagieren (noch besser: agieren) kann man nur, wenn Entstehung und Bedeutung von stereotyper Wahrnehmung für den einzelnen verständlich werden.

Der Prozeß des Verstehens kann zum Beispiel beginnen mit der Überprüfung eigener Wahrnehmungen, die, trotz bester Absichten, niemals unbeeinflußt sind von gesellschaftlich vorherrschenden Interpretationen von Bildern. Was sehen Sie etwa auf dem folgenden Foto?

Sehen Sie einen Polizisten, der einen Verbrecher verfolgt? Oder sehen Sie einen Polizisten, der einen unschuldigen Schwarzen verfolgt? Beide Antworten sind falsch. Abgebildet sind zwei

Polizeibeamte – einer in Uniform, einer in Zivil – die einer dritten Person, die nicht abgebildet ist, hinterherlaufen.[34]
Niemand ist ein Rassist, weil er das Foto nicht zutreffend gedeutet hat. Es geht allein darum, sensibel dafür zu machen, wie sehr die alltägliche Wahrnehmung *aller* Menschen von Stereotypen beeinflußt ist. Es sollen nicht »falsche« Wahrnehmungen »entlarvt«, sondern es soll vielmehr ermutigt werden, der Geschichte ihrer Entstehung in der eigenen Biographie auf die Spur zu kommen. Antirassismus ist nicht da am stärksten, wo er andere als Rassisten anklagt, sondern dort, wo er zu neuen Wahrnehmungen führt.
Der Psychoanalytiker Jörg Bopp hat die Schwierigkeit, über sich selbst und andere unbestechlich nachzudenken, so beschrieben: »Durch die Erziehung werden die Menschen nur schlecht darauf vorbereitet, daß sie zerbrechliche und verführbare Wesen sind. Deshalb macht ihnen Denken dann viel Angst, wenn sie es unbestechlich gegen sich selbst wenden; unbestechlich heißt: weder eingeschüchtert durch äußere Drohungen, noch überflutet durch eigene Gefühle, noch verzerrt durch die Anklagen eines strengen Gewissens.
Die nüchterne Einsicht ist eine Fähigkeit, die der Mensch in seinem Leben wesentlich später lernt als die Bindung an Gebote und die Erzeugung von Schuldgefühlen. Deshalb fällt es ihm leichter, sich hohen Forderungen zu unterwerfen oder sich anzuklagen, als über sich nachzudenken.«[35]

Rassismus hat viel mit Angst und Macht zu tun. Seinen Nährboden findet er überall dort, wo jeder zuerst daran denkt, die eigene Haut zu retten. »Der Rassist ist ein Mensch«, schreibt der Rassismusforscher Albert Memmi[36], »der Angst vor einem potentiellen Angriff hat oder glaubt, man greife ihn tatsächlich an; der schließlich angreift, um seine Angst zu bannen.«
Mit Macht hat Rassismus insofern zu tun, als er sich nur dort halten kann, wo eine Gruppe von Menschen die Macht hat, eine

andere Gruppe als minderwertig zu definieren. In der Geschichte wird deutlich, daß Rassismus immer wieder dazu benutzt wurde und wird, ungleiche Machtverhältnisse aus der Sicht des Stärkeren zu begründen, zu erklären, zu erhalten und als »natürlich«, also gerechtfertigt, erscheinen zu lassen.

Das hat zunächst wenig mit Mehrheiten oder Minderheiten zu tun. Rassistisches Denken lebte ebenso in Nazi-Deutschland, in dem die Juden eine Minderheit waren, wie im Südafrika der Apartheid, wo Schwarze die Mehrheit darstellten. In beiden historischen Konstellationen hatte jedoch die herrschende Gruppe die Macht zu definieren.

Rassismus setzt sich zusammen aus Bildern, Verhaltensweisen, Verwaltungsvorgängen und Gesetzen, durch die »die anderen« negativ beschrieben und schließlich ausgegrenzt und verächtlich gemacht werden und der eigenen Gruppe ein übergreifendes »Wir-Gefühl« der Überlegenheit verliehen wird. »Bei uns in Deutschland ...« – wie oft wird diese Formulierung gedankenlos gebraucht? Wie oft werden – ebenso gedankenlos – dadurch Menschen ausgeschlossen, die hier genauso zu Hause sind?

Früher orientierte sich Rassismus vor allem an der Idee sogenannter »Menschenrassen«, nach denen Menschen aufgrund rein körperlicher Merkmale positive oder negative Eigenschaften zugeschrieben wurden. Der »moderne« Rassismus geht subtiler vor. Hinter Begriffen wie Kultur, Identität oder Mentalität, die »anders sind als die unsere«, verbirgt sich oft das gleiche generalisierende Denken.

»Der wichtigste Unterschied zwischen dem ›alten‹ und dem ›neuen‹ Rassismus besteht sicherlich darin,« schreibt Helma Lutz[37], »daß keine höherstehenden ›Menschenrassen‹ mehr konstruiert werden, sondern daß man davon ausgeht, daß Menschen aus anderen Kulturen sich von uns unterscheiden, eben ›anders‹ sind ... Im Begriff des Andersseins verdeutlicht sich ja schon die Weigerung der ›anderen‹, sich unserem Lebensstil anzupassen.«

Besonders schlimm an den Auswirkungen von Rassismus ist, daß er die Wahrnehmung *aller* Mitglieder einer Gesellschaft auf ähnliche Weise beeinflußt, das heißt, daß die negativen Bilder diskriminierter Gruppen auch auf diese selbst wirken. In den dreißiger Jahren zeigte der amerikanische Sozialpsychologe Kenneth B. Clark schwarzen Kindern zwei Puppen, eine weiße und eine braune, und fragte sie, welche sie lieber haben würden. Die meisten schwarzen Kinder wählten die weiße Puppe. 1989 wiederholte ein Wissenschaftlerteam in Atlanta diese Versuchsidee, indem sie schwarzen Kindern Fotos zeigten von je einem weißen und einem schwarzen Kind, die jeweils identisch gekleidet waren. Sie wurden gebeten zu entscheiden, welches der beiden Kinder das hübsche, welches das häßliche, welches das saubere, welches das schmutzige, welches das kluge und welches das dumme Kind sei. Die meisten schwarzen Kinder zeigten auf das Foto mit dem schwarzen Kind als dem häßlichen, schmutzigen und dummen.[38]

Der existentiell wichtige Vorgang der Befreiung von derartigen, die Persönlichkeit tief verletztenden Wahrnehmungsformen ist kein einfacher Akt der Entscheidung, sondern ein mutiger Prozeß, der viel Geduld, Zuwendung und Selbstdisziplin erfordert. Zunächst geht es häufig nicht anders, als die bisherigen übermächtigen Definitionen zu gebrauchen, ihnen jedoch eine positive Bedeutung zu geben, zum Beispiel in Slogans wie »black is beautiful« oder »schwul – na und!«

Eine andere Strategie kann darin bestehen, sich von vorherrschenden Gruppen rigoros abzusetzen und diese wiederum negativ zu stereotypisieren. Die so entstehenden Feindbilder (»der Weißen«, »der Deutschen«, »der Männer« usw.) haben dann wiederum kaum Realitätsgehalt, sondern dienen zunächst nur dem Ziel der eigenen Stabilisierung. Daran Kritik zu üben, kommt jedoch nicht zuerst denen zu, die bisher die Definitionsgewalt hatten. Es kann für den Moment genügen, wenn die Prozeßhaftigkeit von Befreiung nicht vergessen und die

Bedeutung verstanden wird, die der jeweilige Schritt innerhalb eines solchen Prozesses haben kann.
Wenn eine – derart notwendige, einfühlsame Einschätzung ausbleibt, kann es leicht dazu kommen, daß unterschiedlich unterdrückte Gruppen, die eigentlich solidarisch miteinander sein und die gegenseitige Emanzipation zum Ziel haben müßten, sich in der Praxis doch von einander abgrenzen und einander das Leben schwer machen. Theoretisch scheint es naheliegend zu sein, daß beispielsweise die Frauen- und die Schwarzenbewegung sich gemeinsam gegen Sexismus und Rassismus engagieren, da beide aus vorherrschenden Machtstrukturen resultieren. Die berühmte Formulierung von Simone de Beauvoir: »Eine Frau wird nicht als Frau geboren, sondern dazu gemacht«, läßt sich mit einigem Recht auch auf Menschen mit nicht-weißer Hautfarbe anwenden: Kein Kind wird schwarz geboren, sondern erst dazu gemacht.

Im wirklichen Leben zeigt sich, daß jedes Individuum vielfältige Persönlichkeitsanteile hat und gerade die Reduzierung auf lediglich ein Merkmal als besonders schmerzlich empfunden wird. Jean Améry hat vor diesem Hintergrund einmal formuliert: »Erst Hitler hat mich zum Juden gemacht.« Erst wenn alle Befreiungsstrategien auch die Vielfalt von Individuen und sein/ihr Recht berücksichtigen, aus dieser Vielfalt selbst zu wählen, was zur je persönlichen Identität gehören soll, werden tragfähige solidarische Aktivitäten zwischen den verschiedenen Gruppen vorstellbar.
Lida van den Broek schreibt vor dem Hintergrund ihrer Erfahrungen in der Frauen- und Antirassismusbewegung: »Viele Menschen haben mit mehreren Formen von Unterdrükkung zu tun. Du kannst Frau, schwarz, jüdisch, lesbisch, behindert und alt sein. Dann wirst du auch mit allen dazugehörigen Formen von Unterdrückung konfrontiert. Die Frauenbewegung hat hier in den letzten Jahren in zunehmendem Maße mit zu tun

bekommen. Es scheint nicht möglich, alle Frauen über den gemeinsamen Nenner ›Frausein‹ zu organisieren. Dort, wo große Gruppen von Frauen zusammenkommen, treten große Unterschiede auf ... Schwarze Frauen sagen regelmäßig, daß sie das Gefühl haben, wählen zu müssen zwischen der Frauen- und der Schwarzenbewegung, aber sie sind doch beides: Frau und schwarz.«[39]

So wie Frauen mit Sexismus und Schwarze mit Rassismus konfrontiert werden, zeigt sie auf, daß in jeder unterdrückten Gruppe auch Vertreterinnen und Vertreter aus anderen benachteiligten Gruppen vertreten sind. Sie beschreibt neben den Unterdrückungsformen des Rassismus und Sexismus auch die des Antisemitismus gegenüber Juden, die des Heterosexualismus gegenüber Homosexuellen, die des Jugendkults gegenüber Alten, die des Gesundheitskults gegenüber Kranken und Behinderten, die der Erwachsenideologien gegenüber Kindern und die des Reichtums gegenüber den Ärmeren. Diese Liste ist noch immer nicht vollständig. Sie zeigt jedoch deutlich erste Ansätze von Vielfalt, die je eigene Aufmerksamkeit erhalten müssen, wenn wir Veränderungen nicht allein kurzfristig und an der Oberfläche erreichen wollen.

In der Nacht vom 24. auf den 25. November 1990 wurde der achtundzwanzigjährige Angolaner Amadeu Antonio Kiowa in der brandenburgischen Stadt Eberswalde von rechtsextremen Jugendlichen erschlagen. Sein Tod erhielt auch deshalb besondere internationale Aufmerksamkeit, weil er der erste Ausländer war, der nach der Wiedervereinigung Deutschlands ermordet wurde, und weil die Tat eine bis dahin nicht gekannte Brutalität offenbarte.

Die Presse berichtete[40]: »Die Geschichte vom schlimmen Ende des Amadeu Antonio Kiowa ähnelt der Chronik eines angekündigten Todes. Skins aus der Umgebung von Eberswalde hatten sich am Nachmittag des 24. November 1990 mit stadtbe-

kannten Neonazis getroffen und waren abends in die Disco ›Rockbahnhof‹ gezogen, wo sie unter den Heavy-Metal-Fans weitere Gesinnungsgenossen fanden. Auf dem Weg dorthin hatten sie bereits einen türkischen Imbißstand geplündert, Passanten angepöbelt und Autofahrer bedroht. Schon zu diesem Zeitpunkt erhielt die Polizei die erste Information darüber, daß an diesem Abend ›noch etwas laufen‹ würde.
Gegen Mitternacht war es soweit. In der Disco wurde die Parole ausgegeben, man gehe jetzt los, um ›Neger zu klatschen‹. Ziel: der ›Hüttengasthof‹, das einzige Lokal im Ort, in dem damals noch Ausländer verkehrten, fast alles ehemalige Vertragsarbeiter der DDR. Etwa 50 Jugendliche machten sich, ›Deutschland den Deutschen‹ gröhlend, auf den Weg ... Einige bewaffneten sich unterwegs noch mit Zaunlatten, die sie an einer Baustelle herausrissen.
Die Polizei wurde vom Aufbruch und von den Absichten der wilden Horde sofort informiert, ebenso der Wirt des Hüttengasthofs. Er schloß sein Lokal und warnte seine Gäste. Amadeu Antonio Kiowa aus Angola, zwei Freunde aus Mosambik und zwei Mädchen aus Eberswalde brachen gemeinsam auf. Sie dachten zunächst, wenn sie zusammenbleiben würden, könnte ihnen nichts passieren.
Doch inzwischen hatte sich der mörderische Zug in verschiedene Grüppchen aufgeteilt. Die Schläger kamen plötzlich aus allen Richtungen. Amadeu hetzte von einer Straßenseite auf die andere – und lief einem der Trupps direkt in die Arme. Das geschah auf der Höhe der chemischen Fabrik, in deren Pförtnerhäuschen drei Polizisten in Zivil postiert waren, um die Randale zu beobachten. Gegen sie läuft ein Ermittlungsverfahren, weil sie nicht eingriffen ...
Elf Tage lag der 28jährige Angolaner im Koma, bevor er am 6. Dezember 1990 starb. Über die Todesursache sagt der medizinische Sachverständige im sogenannten Eberswalder Skinhead-Prozeß: mehrfaches Organversagen aufgrund innerer

Verletzungen; Hirngewebsblutungen als Folge von Schlägen, bei denen die rechte Augenhöhle zertrümmert wurde.«

Die deutsche Freundin von Amadeu ist zum Zeitpunkt des Mordes im achten Monat schwanger. Fünf Wochen nach dem Tod des Vaters bringt Gaby S.[41] einen kleinen Jungen zur Welt und gibt ihm den Vornamen seines Vaters Amadeu. Was die fünfunddreißigjährige Frau seitdem mit ihrem Sohn erlebt hat, zeigt, mit welchem Ausmaß an Brutalität und Menschenverachtung Rassismus und Sexismus sich unter bestimmten Bedingunge gegenseitig potenzieren können:
Nach der Geburt wurde Gaby S. zunächst eine neue Wohnung zugewiesen. Der Tag des Einzugs wird für sie zu einem Schockerlebnis: Im Hausflur steht in Großbuchstaben »Deutschland den Deutschen« an die Wand gesprüht, an der Tür eines Nachbarn entdeckt sie Hakenkreuzwimpel. Noch am gleichen Abend flieht sie mit ihrem Baby zu einem Cousin von Amadeu Antonio Kiowa. Der auf dem Wohnungsamt zuständige Beamte gab später zu, daß diese Wohnungszuteilung »eine Panne« gewesen sei. Er habe nicht gewußt, wer sonst noch in dem Hause wohne. Daß zu diesem Zeitpunkt jedoch jeder Bürger von Eberswalde über alle Details des Verbrechens und die Existenz der jungen Mutter informiert war, steht außer Frage.
Wenig später gab Gaby S. ein Fernsehinterview, wobei sie die verantwortlichen Journalisten bat, ihr Gesicht und ihre Stimme unkenntlich zu machen. Im Mai 1991 wurde der Bericht ausgestrahlt, wobei Gaby S. deutlich im Bild war. Der Redakteur hatte die Zusicherung »vergessen«. Kurz darauf erhielt sie Drohanrufe, unter anderem von einem Skin aus Eberswalde, der wörtlich sagte: »Mit dir passiert das gleiche wie mit Amadeu!«
Mit Unterstützung von Leuten aus der Westberliner Antifa-Szene, an die sie sich gewandt hatte, konnte sie bis Ende 1991 in einer Kreuzberger Wohnung untertauchen. Ihr Vertrauen in die

Polizei war endgültig dahin, als während dieser Zeit in Eberswalde die Wohnung ihrer Schwester verwüstet wurde, die ebenfalls mit einem Angolaner befreundet ist. Dennoch unternahm sie Anfang 1992 einen Versuch, nach Eberswalde zurückzukehren. Als sie einmal nicht zu Hause war, tauchten auch vor der neuen Wohnung mit Knüppeln bewaffnete Skins auf. Eine mutige Hausmeisterin vertrieb die Jugendlichen, ohne daß sie Schaden anrichteten. Aber Gaby S. war gewarnt.

Nun bat sie Freunde ihres ermordeten Mannes um Hilfe: Ein ehemaliger Arbeitskollege und Landsmann von Amadeu, der inzwischen in einem Asylbewerberheim in Würzburg untergebracht war, bot Mutter und Kind in seiner engen Unterkunft Raum an. Aber auch das ging nicht lange gut, weil die Behörden »den Aufenthalt einer Deutschen in einer für Asylbewerber bestimmten Einrichtung nicht dulden« konnten. Nach einigem Hin und Her verließ Gaby S. im Sommer 1992 freiwillig Würzburg und ging zurück nach Brandenburg, wo am Bezirksgericht von Frankfurt/Oder der Prozeß gegen die Mörder ihres Mannes eröffnet wurde. Sie nahm sich einen Westberliner Anwalt, der die Nebenklage für ihr Kind, den Sohn von Amadeu, vertreten sollte.

Bei Nacht und Nebel zog sie zu einer anderen Frau, die ebenfalls ein Kind von einem Schwarzafrikaner hat. An der Wohnungs- und Haustür haben sie keine Namensschilder angebracht. Nach 18 Uhr gehen sie nicht mehr auf die Straße. Trotzdem hören sie regelmäßig ordentliche Bürger »Negerschlampe« und Schlimmeres hinter sich herrufen. Und doch können sich die Frauen gegenseitig ein wenig stützen, zumindest auch einmal abwechseln in der Fürsorge für die Kinder. Beide sind arbeitslos und leben von der Sozialfürsorge.

Als Gaby S. beim Finanzamt einen Antrag auf Halbwaisenrente für den kleinen Amadeu stellt, wird dieser abgelehnt, da »der notwendige Vaterschaftsnachweis« nicht erbracht werden kann. Es ist kaum vorstellbar, daß der zuständige Beamte be-

reits vergessen haben sollte, daß Amadeu Antonio Kiowa bei der Geburt des Kindes bereits fünf Wochen tot war.
Vom Bezirksgericht Frankfurt/Oder werden im Sommer 1992 fünf junge Männer im Alter von neunzehn bis einundzwanzig Jahren wegen »Körperverletzung mit Todesfolge« zu Strafen zwischen zwei und vier Jahren Gefängnis, zum Teil auf Bewährung, verurteilt.

Das Auge des Gesetzes

Rassismus bei Polizei, Justiz und Politik

Ein scheinbar harmloser Anfang: Im Mai 1991 stellt ein deutscher Bürger bei der Staatsanwaltschaft Köln einen Strafantrag gegen vier leitende Mitarbeiter der Electrola GmbH sowie die drei Musiker des »Aschaffenburger Trios« wegen Beleidigung und Volksverhetzung, da sie gemeinsam das Lied »Zehn kleine Negerlein« produziert und veröffentlicht haben.
Dieser Bürger hat eine dunkle Hautfarbe und bezeichnet sich bewußt als schwarzer Deutscher. Auf vier Seiten analysiert er den rassistischen Gehalt aller zehn Strophen dieses Kinderliedes und faßt danach zusammen[42]:
Dieses Lied ist alles andere als ein harmloses ›wiederentdecktes altes Kinderlied‹. 1884 fand in Berlin die sogenannte Kongo-Konferenz statt, auf der Kamerun der Hoheit des Deutschen Reiches unterstellt wurde und somit erste deutsche Kolonie wurde. Aus diesem Jahr stammt auch der erste Text in deutscher Sprache: ›Die lustigen Neger von Kamerun‹ ...
Alle Variationen des Liedes in Vergangenheit und Gegenwart erzählen von der gewaltsamen Reduzierung der Schwarzen ...
Gerade heute zur Zeit der Wiedervereinigung und den damit verbundenen rassistischen Auswüchsen, die bis zum Mord an Schwarzen und anderen nicht erwünschten Menschen gehen, führt dieses Lied die rassistische Sozialisation fort ...
Dieses Lied, das Singen, die Produktion und der Verkauf greifen meine Würde als schwarzer Deutscher an. Ich bezeichne mich bewußt als schwarzer Deutscher und lehne die Verwendung des Begriffs ›Neger‹ entschieden ab ...
Die Verwendung des Begriffs ›Negerlein‹ ... verstärkt in der deutschen Sprache den herabwürdigenden Charakter. Schwarze

als unmündige kleine Wesen. Durch die gezielte Produktion dieses Liedes durch die oben genannten Personen, die bewußt gehandelt haben und mich damit beleidigen, sehe ich mich zu diesem Schritt gezwungen. Ich bin nicht mehr bereit, diese Demütigungen, Beleidigungen und diese rassistische Hetze, in welcher Form auch immer, weiter hinzunehmen. Ich erwarte die Aufnahme entsprechender Ermittlungen ...«

Bereits gut drei Wochen später trifft eine zweiseitige Antwort des zuständigen Oberstaatsanwalts aus Köln ein, die alles andere als harmlos ist:

»Sehr geehrter Herr B.!
Ich habe das Verfahren eingestellt, weil der von Ihnen mitgeteilte Text des beanstandeten Liedes in strafrechtlicher Hinsicht nicht relevant ist. Insbesondere ist dadurch weder der Tatbestand des § 130 StGB (Volksverhetzung) noch der § 185 StGB (Beleidigung) verwirklicht worden.
Zunächst läßt sich schon nicht hinreichend sicher feststellen, welcher konkrete Personenkreis mit den ›zehn kleinen Negerlein‹ gemeint ist. Diese Bezeichnung ist nicht bestimmt genug, um zweifelsfrei von einer inländischen Bevölkerungsgruppe mit gewissem Umfang und gewisser Bedeutung ausgehen zu können ...
Denn Ihre Interpretation, daß sich das Lied gegen alle Schwarzen und damit auch gegen alle Schwarzen in der Bundesrepublik Deutschland richtet, ist keineswegs die allein mögliche. Vielmehr wird das Wort Neger auch als Synonym für »unterprivilegierte« Personen gleich welcher Hautfarbe benutzt ...
Dies kann jedoch dahinstehen. Denn unabhängig vom Vorliegen der übrigen Voraussetzungen scheitert ein Verstoß gegen § 130 StGB bereits daran, daß durch den Text nicht die Menschenwürde anderer im Sinne dieser Vorschrift angegriffen wird. Denn bloße Beleidigungen und Diskriminierungen sind noch kein Angriff gegen die Menschenwürde. Voraussetzung ist vielmehr, ›daß der Angriff gegen den unverzichtbaren und unab-

leitbaren Persönlichkeitskern des anderen, gegen dessen Menschsein als solches gerichtet ist und ihm den Wert abspricht‹ ... Soweit der Text überhaupt Angriffe gegen die Ehre der Betroffenen enthält, wird ihnen dadurch jedenfalls nicht jegliches Lebensrecht bestritten. Da sich der von Ihnen beanstandete Text nicht gegen Sie persönlich richtet, kommt auch eine Beleidigung zu Ihrem Nachteil nicht in Betracht. Das Verfahren mußte daher eingestellt werden.«

Könnte man beim »Aschaffenburger Trio« noch schlichte Dummheit und bei der Electrola banale Verkaufsinteressen vermuten, so muß einem beim Lesen der juristischen Argumentation das Blut in den Adern gefrieren: Weil mit dem Wort »Neger« nicht nur Schwarze, sondern auch andere »unterprivilegierte Personen« bezeichnet werden, ist es – juristisch gesehen – keine Verletzung der Menschenwürde. Und das Lied mag beleidigend oder diskriminierend sein, aber all das ist strafrechtlich nicht relevant, weil »dadurch jedenfalls nicht jegliches Lebensrecht bestritten« wird.

Im Mai 1991, dem gleichen Monat, in dem jener schwarze Deutsche seine demokratischen Bürgerrechte einzuklagen versucht, werden in der brandenburgischen Stadt Wittenberge zwei namibische Jugendliche, achtzehn und neunzehn Jahre alt, aus dem vierten Stock eines Ausländerwohnheims von einem aufgebrachten Mob von etwa vierzig Jugendlichen und Erwachsenen gestürzt. Zu der Tat war vorher selbst über CB-Funk aufgehetzt worden: Die »Kaffeebohnen« hätten angeblich »einen Deutschen aufgeschlitzt«. Ein Nachbar verriet der gewalttätigen Menge schließlich die Wohnung, in der sich die verängstigten Jugendlichen versteckt hielten, mit den Worten: »Ich kann die Neger auch nicht ab, ich zeige euch, wo die wohnen.« Die beiden schwarzafrikanischen Jugendlichen überlebten schwerverletzt den Sturz aus dem vierten Stock[43].

Der politisch verantwortliche Innenminister erklärte wenig später gegenüber der Presse: »Nach dem mir vorliegenden Polizeibericht über die Vernehmung der beschuldigten Deutschen ist erkennbare Ausländerfeindlichkeit nicht das vordergründige Motiv der Täter gewesen ... Der letzte Namibier stürzte ab, als er von fünf Deutschen bedrängt wurde. Eine direkte körperliche Einwirkung durch die Deutschen konnte nicht nachgewiesen werden.«[44]

Der Rassismus im Kopf macht es möglich, daß die Wirklichkeit auch von sonst relativ normal funktionierenden Menschen in willkürlicher Verzerrung wahrgenommen wird: »Neger klatschen« ist dann keine – »erkennbare Ausländerfeindlichkeit«, und Namibier »stürzen ab«, aus dem vierten Stock und ohne »direkte körperliche Einwirkung durch die Deutschen.«

Im Juni 1995 legte Amnesty International eine Liste von Menschenrechtsverletzungen vor, die in der Bundesrepublik Deutschland von staatlichen Einrichtungen gegenüber Menschen nichtdeutscher Herkunft begangen worden sind. Einer der vorgestellten Fälle ist der des Tamilen Thiyagarah P.:

»Am 14. Juli 1992 fuhr der Tamile Thiyagarah P. auf seinem Fahrrad zur Arbeit. Zwei Polizisten hielten ihn an wegen des Verdachts, das Fahrrad gestohlen zu haben. Der Kaufbeleg für das Fahrrad, den er zufällig bei sich hatte und vorzeigte, wurde von einem der Beamten zerrissen. Der andere legte ihm mit Gewalt Handschellen an. Auf dem Weg zum Polizeirevier riefen die Beamten, daß allein Ausländer für derartige Diebstähle verantwortlich seien.

Nach einem Verhör wurde Thiyagarah P. für mehrere Stunden in einer Zelle eingeschlossen. Erst danach wurde er wieder auf freien Fuß gesetzt. Am folgenden Tag stellte sein Hausarzt fest, daß sein nach der Verhaftung stark angeschwollenes Handgelenk gebrochen war. Die Anzeige wegen Körperverletzung, die Thiyagarah P. daraufhin aufgab, wurde vom zuständigen Berliner Gericht abgewiesen, weil angeblich nicht mehr eindeutig feststellbar war, auf welche Weise der Knochenbruch zustande gekommen war.«[45]

Im Zeitraum von Januar 1992 bis März 1995 hat Amnesty International in der Bundesrepublik Deutschland siebzig dokumentierte Fälle von besonders brutaler Polizeigewalt gegen Ausländer, Asylbewerber und Angehörige von ethnischen Minderheiten untersucht. Ärztliche Untersuchungen wiesen nach, daß die Opfer manchmal gebrochene Knochen hatten oder daß Zähne herausgeschlagen waren. Zwei Menschen waren nach der Festnahme gestorben.

»Die Regelmäßigkeit, mit der Amnesty Berichte über Polizeigewalt bekommt, deuten darauf hin, daß es sich hier nicht nur um ein paar Einzelfälle handelt«, schreibt die Menschenrechtsorganisation. »Die Polizei in Berlin und Hamburg kommt überproportional vor in bezug auf gewalttätiges Verhalten. Die Berliner Polizei erhält jährlich etwa 500 Beschwerden wegen schlechter Behandlung von Inhaftierten... Ein Hamburger Polizeibeamter sagte aus, daß er gesehen habe, wie ein Kollege eine Tränengasgranate in eine Zelle mit sechs Afrikanern geworfen hat...«[45]

Von den Beschwerden, die offiziell bei der Polizei wegen brutaler Mißhandlungen gegenüber ethnischen Minderheiten eingehen (deren Dunkelziffer – nach Angaben von Amnesty – deutlich höher liegt), werden die meisten abgewiesen: 1992 wurden zum Beispiel in Berlin 646 Beschwerden vorgebracht, von denen 572 abgewiesen wurden. Nur in neunzehn Fällen kam es überhaupt zu strafrechtlichen Verfahren, in denen alle angeklagten Polizisten freigesprochen wurden.

Falls es überhaupt zu einem Prozeß kommt, steht häufig das Wort eines oder mehrerer Beamter gegen das Wort des Verhafteten. Hinzu kommt, daß in den letzten Jahren öfter auch die verdächtigten Polizeibeamten umgehend eine Anzeige »wegen Widerstands gegen die Staatsgewalt« gegen diejenigen vorbrachten, die überhaupt den Mut zur Beschwerde hatten. Dann stand häufig Aussage gegen Aussage oder Anzeige gegen Anzeige, wobei unübersehbar ist, daß Polizeibeamte nur in wenigen Ausnahmefällen Kollegen belasten.

Im November 1994 versammelten sich alle Innenminister der Länder zu einer Konferenz zum Thema »Polizei und Ausländer«. In dieser Konferenz ging es jedoch keineswegs in erster Linie darum, wie nachgewiesenes gewalttätiges Verhalten einzelner Polizeibeamter geahndet werden solle. Im wesentlichen wurde die Frage behandelt, wie ein Schaden, der dem Ansehen der Bundesrepublik Deutschland hierdurch im Ausland entstünde, entgegengewirkt werden könne. Der Bundesinnenminister erklärte, die Polizei verdiene politische Unterstützung und keine unfundierten Vorwürfe, wie sie vor allem von Amnesty International vorgebracht würden.

In einer Presseerklärung reagierte die Menschenrechtsorganisation darauf unter anderem mit den folgenden Empfehlungen: »Amnesty International schlägt vor, in der Ausbildung der Polizei mehr Aufmerksamkeit aufzubringen für internationale Menschenrechtsabkommen. Außerdem fordert Amnesty alle politisch Verantwortlichen in der Bundesrepublik Deutschland auf, bei allen Beschwerden über Polizeimißhandlungen gründliche und unparteiische Untersuchungen durchzuführen mit dem Ziel, Maßnahmen zu treffen. Amnesty empfiehlt, leitende Polizeibeamte, gegen die wiederholt Beschwerden eingebracht wurden, mit anderen Funktionen zu betrauen, in denen sie keinen Kontakt mehr zu Verhafteten haben.«[45]

In anderen europäischen Ländern wird bereits seit längerem dafür gesorgt, daß Vertreter von ethnischen Minderheitsgruppen auch als Beamte in unterschiedlichen Funktionen bei der Polizei und allmählich auch in Justiz und Politik zu finden sind. Noch vor wenigen Jahren gab es heftige Diskussionen, als Mitarbeiterinnen und Mitarbeiter des Anne-Frank-Hauses in

Amsterdam Seminare mit leitenden Beamten der niederländischen Polizei durchführten. Dabei ging es einerseits um selbstkritisches Nachdenken über rassistisches Gedankengut innerhalb des Polizeiapparats, das sich sowohl bei der Prävention als auch bei der Bekämpfung von Verbrechen als zunehmend dysfunktional erwiesen hatte. Andererseits wurde überlegt, inwieweit die Einbeziehung von Vertreterinnen und Vertretern aus unterschiedlichen ethnischen Gruppen mit dem späteren Ziel, in Funktionen auf allen Ebenen auch sichtbar vertreten zu sein, die polizeiliche Arbeit insgesamt modernisieren und humanisieren könne.

Vorwürfe gab es anfangs von allen Seiten: Das Anne-Frank-Haus wurde kritisiert, sich mit Vertretern der Staatsgewalt zu verbrüdern anstatt solidarisch mit den ethnischen Gruppen zu sein. Die Polizeibeamten, die die Kurse mitinitiiert hatten, wurden kritisiert, weil sie einer fremdländischen Unterwanderung Tür und Tor öffneten und bereits mit ihrem Eingeständnis, daß es auch bei der Polizei Rassismus gebe, deren Ansehen schwächten.

Heute nimmt niemand mehr derartige Argumente ernst. Das gegenwärtige Logo auf dem offiziellen Briefpapier der Amsterdamer Polizei versucht vielmehr, auf freundliche Weise die selbstverständliche Vielfalt auch im Behördenalltag zu dokumentieren.

Logo im Briefkopf der Amsterdamer Polizei

3. Teil
Sich wohlfühlen in der eigenen Haut

Ideen zum Zusammenleben zu Hause

»Es hat bei mir gedauert, bis ich siebzehn oder achtzehn war. Bis dahin fand ich meine Hautfarbe scheiße, entschuldige, aber so war's einfach: braun gleich kackebraun. Oft genug gehört hatte ich es ja. Dunkel ist dreckig und all das... Dabei waren meine Eltern – meine Mutter ist Deutsche, mein Vater aus Senegal – wirklich immer total lieb zu uns Kindern... Aber ich mußte es selbst fühlen. Auch wenn Mutter hundertmal sagte: Madou – du hast eine total schöne Hautfarbe! Ich habe es nicht geglaubt.

Jetzt ist das anders. So, als wäre es lange in mir gereift – mit Suchen nach Vorbildern, nach schwarzen Frauen, die toll aussehen, so wie zum Beispiel Naomi Campbell oder die Babs, die Freundin von Boris Becker. Jetzt finde ich meine Hautfarbe auch toll, wie Mutter immer gesagt hat. Ich glaube jetzt auch, daß das gut war, daß sie das immer gesagt hat. Ganz unerschütterlich. Jetzt fühle ich mich endlich wohl in meiner eigenen Haut...«[46]

»Zehn kleine Menschenkinder«

Neue Freunde suchen

Die meisten Kinder sind erfrischend neugierig – besonders auf andere Kinder. Sie hören gerne Geschichten von Kindern, gleichaltrigen oder auch älteren. (Jüngere Kinder spannend zu finden, kann schon schwieriger sein, weil sie doch fast alle stolz darauf sind, nicht mehr»so klein« zu sein.)
Nicht selten allerdings glauben Erwachsene, »lenkend« eingreifen zu müssen, wenn Kinder sich die ihrer Meinung nach »falschen« Freunde suchen. Die meisten Kinder sind jedoch sehr gut in der Lage, auch mal negative Erlebnisse – wenn zum Beispiel jemand ausgenutzt oder gequält oder gar abhängig gemacht wird – selbst zu bearbeiten und daraus entstehende Probleme anzupacken, notfalls von sich aus einen Erwachsenen um Hilfe zu bitten. Auf alle Fälle ist dann der Lerneffekt auch für vielleicht zukünftig auftretende ähnliche Konstellationen um vieles größer, als wenn Kinder durch unerbetene Bevormundung »geschützt« werden.
Geradezu fatal erscheint es mir, einem Kind den Umgang mit Freunden zu verbieten, die »anders« sind und daher angeblich »keinen Umgang« darstellen – anders vielleicht in ihrer Intelligenz, in ihrer körperlichen Leistungsfähigkeit, in der Sprache, im Aussehen, ihrer sozialen, religiösen oder ethnischen Herkunft nach. Erfahrungen fast jeder Art mit Kindern, die zunächst »anders« erscheinen, sind für den Aufbau eines Selbstbewußtseins für jedes Kind enorm wichtig. Und die Erfahrung zeigt, daß Kinder im allgemeinen schon nach kurzer Zeit auch ihre Gemeinsamkeiten herausfinden. Wie soll ein Kind sich selbst orientieren, wenn es sich nicht frei mit anderen

vergleichen kann? Wie soll es sich gegen Übergriffe auf seine individuellen Rechte und Freiheiten (und die Rechte und Freiheiten anderer) wehren, wenn ihm selbstverständliche Erfahrungen mit Solidarität und Freundschaft verwehrt werden? Gerade mit Kindern, die von erwachsenen Mehrheiten noch immer als »anders« beschrieben werden? Die Zuneigung, die Freundschaft, die Liebe, die Kinder verschenken und von andern bekommen, geben ihnen die Kraft, aus der heraus sie als Jugendliche in Konflikten werden bestehen und selbst Niederlagen werden verarbeiten können.

Vor allem deshalb ist die Auswahl der Bilder und Geschichten, die ein Kind in den ersten Lebensjahren begleiten, von besonders fundamentaler Bedeutung und ist der Streit um Lieder wie die »Zehn kleinen Negerlein« oder Spiele wie »Wer hat Angst vorm schwarzen Mann?« nicht nur eine Sache übereifriger Antirassisten, sondern sollte jede Mutter und jeden Vater zu einer deutlichen Meinungsäußerung herausfordern (Verzeichnisse multikultureller Kinderbücher sind inzwischen von verschiedenen Organisationen erhältlich[47].) Statt Kindern scheinbar »falsche« Freunde auszureden oder sie gar von ihnen abzuschotten, sollte man sie also ermutigen, ihre Freunde nach Sympathie und sonst nichts auszuwählen.

Judith Fischer hat 1993 nach der Melodie des Liedes »Zehn kleine Negerlein« einen neuen Text gedichtet, den sie »Zehn kleine Menschenkinder« genannt hat. Anlaß dazu war ein Erlebnis, das sie mit ihrem weißen Sohn Lukas hatte:

»Mit dem ersten Geburtstag meines Sohnes Lukas fing alles an: Er bekam eine Kassette mit Kinderliedern geschenkt. Besonders angetan hatte es ihm das Lied von den ›Zehn kleinen Negerlein‹, er wollte es immer wieder hören. Als ich mir den Text einmal genauer anhörte, war ich erschrocken: da aßen sich Negerlein zu Tode, wurden totgehext, totgeschossen und aufgefressen. Die Kassette heißt übrigens: *Die schönsten (!) Kinderlieder.*

Zum zweiten Geburtstag schenkte ihm jemand das Kinderbuch von den ›Zehn kleinen Negerlein‹. Der Text war zwar entschärft, die Darstellung und Geschichte der ›Negerlein‹ blieb aber im wesentlichen dieselbe. Lukas hörte sich nun das Lied an und schaute dazu die Bilder an.
Als Lukas in die Spielgruppe ging, nahm ihn das ›Negerlein-Fieber‹ völlig in Beschlag. Die Gruppe machte sogar ein Tänzchen dazu!
Eines schönen Sommertages trafen wir auf der Straße ein dunkles, schwarzhaariges Kind. Mein Sohn fragte laut und vernehmlich: ›Mama, guck mal, ist das ein Negerlein?‹
Es schien, als verfolgten mich die Negerlein regelrecht... Ich beschloß, ein ›Gegenbilderbuch‹ zu entwerfen. *Zehn kleine Menschenkinder* entstand.«[48]

ZWEI kleine Menschenkinder
machten viel Geschrei
es kam ein weiteres dazu
da waren es schon DREI.

DREI kleine Menschenkinder
spielten auch mit Dir
das Spielen machte großen Spaß,
denn jetzt war'n es schon VIER.

VIER kleine Menschenkinder
hatten nasse Strümpf'
ein andres sprang zu ihnen 'rein
da waren es schon FÜNF

FÜNF kleine Menschenkinder
aßen einen Keks
eines kam und aß noch mit
da waren es schon SECHS

SECHS kleine Menschenkinder
sind nicht zu sechst geblieben
eines reichte DIR die Hand
da waren es schon SIEBEN

SIEBEN kleine Menschenkinder
lachten, daß es kracht
eines lachte fröhlich mit
da lachten sie zu ACHT

ACHT kleine Menschenkinder
begannen, sich zu freu'n
es freute sich noch eines mit
da freuten sich schon NEUN

NEUN kleine Menschenkinder
habe ich geseh'n
ob TÜRKIN, DEUTSCHE, THAILÄNDER
– es werden sicher ZEHN.

»Sich auf jemanden blind verlassen können«

Vertrauen schenken

Es ist bekannt, daß alle Kinder und Jugendlichen heute mit einer Vielzahl von Werten und Anschauungen konfrontiert sind. Lehrer, MitschülerInnen, Freunde, Spielgruppen am Nachmittag, Nachbarn, Eltern und Großeltern – bereits kleine Kinder erfahren, daß es verschiedene Überzeugungen davon geben kann, was ein Leben sinnvoll macht.
Nicht wenige Erwachsene klagen darüber und meinen, daß die Konfrontation mit unterschiedlichen Lebensstilen und Kulturen zwangsläufig zu Orientierungsschwierigkeiten führen müsse. Kinder und Jugendliche bräuchten – gerade heute – übersichtliche Orientierungen. Wo so eine eindeutige Orientierung fehle, seien Kinder und Jugendliche besonders gefährdet, ja verführbar, und zu Drogen und Sekten sei es dann nicht mehr weit.
Pädagogisch bedeutsam ist demgegenüber zuerst, auf welcher psychischen Basis Kinder und Jugendliche die – tatsächlich vorhandene und deshalb auch kaum gänzlich zu unterbindende – Vielfalt des heutigen Zusammenlebens verarbeiten können. Sind sie gefühlsmäßig ohnehin verunsichert und haben wenig Selbstvertrauen, dann können äußere widersprüchliche Einflüsse die bestehende Verunsicherung in der Tat noch vergrößern. Der Versuch einer Abschirmung vor vielfältiger Wirklichkeit kann jedoch nie gänzlich gelingen, und abgesehen davon, daß eine solche Weltfremdheit auch nicht wünschenswert ist, wird diese Abschirmung auf Dauer die individuelle Verunsicherung nur verlängern.
Eine weitaus sinnvollere Möglichkeit ist es, Kindern und Jugendlichen in einem vielleicht nicht immer konfliktfreien,

aber doch im Kern liebevollen Prozeß Vertrauen in ihre eigene Beurteilungs- und Auswahlfähigkeit entgegenzubringen. Oder präziser formuliert: ihnen Vertrauen zu schenken. Oft genug hört man Eltern oder Pädagogen klagen: Ja, wenn sie oder er schon selbständig genug wären, dann könnte ich ihnen vertrauen. Oder: Wenn ich überzeugt bin, daß sie oder er wirklich das Richtige tun, dann kann ich ihnen vertrauen. Vertrauen jedoch beruht gerade nicht auf Vorleistungen. Es entsteht durch die Erfahrung, an einem Ort auf dieser Welt von (mindestens) einem Menschen voll angenommen zu sein, mit allen Fehlern, möglichen Irrtümern und Schwächen. »Sich blind verlassen zu können«, nennt die Afro-Deutsche Astrid Berger so ein Vertrauensgeschenk in bezug auf ihren Vater in den folgenden biographischen Notizen, die zeigen, daß für sie diese Erfahrung das wesentliche Fundament war, um in schwierigen Situationen nicht zu zerbrechen, ja um es später sogar weitergeben zu können an ihre eigene Tochter.

Vielleicht ist es bereits aufgefallen: In diesem Buch werden an keiner Stelle pädagogische Hinweise gegeben, die allein auf Kinder mit weißer oder allein auf Kinder mit nicht-weißer Hautfarbe abzielen. Die meisten dieser gutgemeinten Vorschläge (z. B. an weiße Kinder: mehr Verständnis für die »Schwierigkeiten« schwarzer Kinder aufzubringen, oder an nicht-weiße Kinder: sich besonders anzustrengen, um Vorurteile gegen Menschen mit dunkler Hautfarbe durch das eigene gute Beispiel zu entkräften) sind meines Erachtens langfristig zum Scheitern verurteilt, weil sie bestehende Stereotype eher bestätigen als abbauen. Derartige Vorschläge mögen noch so gut gemeint oder klug bedacht sein: Die ganze Ideologie von den weißen und nicht-weißen oder schwarzen Hautfarben ist ein Konstrukt, das unsere realistische Wahrnehmung behindert anstatt fördert. Diese eingeschränkten (rassistischen) Wahrnehmungen dürfen nicht immer weiter bestätigt, sondern müssen langfristig überwunden werden, wenn sich wirklich etwas ändern soll. Daß es im politischen Engagement sinnvoll sein kann, von weiß oder schwarz zu sprechen, ist etwas anderes. Hier müssen Begrifflichkeiten benannt und in Frage gestellt werden, die aufgrund von Macht und Herrschaft entstanden sind, die jedoch keinesfalls mit der wesentlich vielfältigeren Realität verwechselt werden dürfen.

Auch Kinder sind manchmal egoistisch, schlecht gelaunt oder verschlossen. Daß sie selten rassistisch sind, hat vor allem damit zu tun, daß ihre Wahrnehmung noch weniger kontrolliert und gesellschaftlich deformiert ist als die der Erwachsenen. Wenn der kleine Lukas im vorangehenden Kapitel seine Mutter fragt: »Mama, guck mal, ist das ein Negerlein?«, dann ist das aus seiner Sicht noch kein Rassismus, sondern Neugier und der Versuch, gelernte Begriffe in der Wirklichkeit anzuwenden. Die Mutter erschrickt allein deshalb, weil sie erkennen muß, wie stark die gesellschaftlichen Einflüsse den Wortschatz ihres Kindes bereits geprägt haben. Daraus kann sich jedoch eben gerade nicht ein Vorwurf an Kind oder Mutter ableiten, sondern vielmehr die Anregung, die Wahrnehmung des Kindes hin zu mehr Vielfalt zu erweitern, was Judith Fischer mit ihrem Liedtext von den zehn kleinen Menschenkindern praktisch umgesetzt hat.

Nichts wäre problematischer, als nun den kleinen Lukas wissen zu lassen, daß »man so was nicht sagt«, wodurch den »Negerlein« noch ein weiterer negativer Stempel aufgedrückt wird. Lukas zu ermutigen, Kinder mit unterschiedlichen Hautfarben kennenzulernen und einfach seiner eigenen Urteilskraft zu vertrauen, wird viel eher dazu beitragen, daß der Junge viele Gemeinsamkeiten mit diesen neuen Freunden entdeckt und vielleicht irgendwann selbst erkennt, was sein bis dahin so arglos geliebtes Lied an Haß und Verachtung transportiert. Dann jedoch braucht er sich nicht zu schämen, denn er hat es selbst herausgefunden. Und seine Mutter hat ihn spüren lassen, daß sie ihm genau das zugetraut hat.

Astrid Bergers biographischer Bericht beginnt mit ihrem Vater: »Er ist wohl der Mensch, der mich entscheidend geprägt hat, obwohl ich ihn schon früh verlor – er starb, als ich elf Jahre alt war.«[49]

Der Vater wird 1895 in der damals deutschen Kolonie Kamerun geboren und erhält den Namen Kala King. Noch vor dem Ersten Weltkrieg kommt er als Lehrerstudent nach Deutschland. Bei der Einreise ändern die Behörden seinen Namen in Gottlieb Kala Kinger, eine willkürliche Form der »Eindeutschung«, die sich nicht wenige preußische Beamte wie selbstverständlich anmaßten. Geplant war, daß er nach Abschluß des Studiums als Lehrer in Kamerun arbeiten solle. Jedoch verliebt er sich in eine deutsche Frau, und gemeinsam unternehmen die beiden alles, um in Deutschland zusammenleben zu können. Schon in der Weimarer Republik ist es unvorstellbar, einen Schwarzen als Lehrer zu beschäftigen. Die beiden verdingen sich als Tanzpaar in Varietés, um ihren Lebensunterhalt zu bestreiten.

Während der NS-Zeit, die der Vater ohne Inhaftierung übersteht, hat er eine Beziehung zu einer zweiten Frau. Aus dieser Beziehung wird während des Krieges Astrid geboren. Der Vater lebt weiter mit seiner ersten Frau zusammen. Astrid erzählt wenig über diese ersten Lebensjahre im Krieg und danach in der DDR, allein daß sie ihre Mutter nur an den Wochenenden sah, da diese berufstätig war und die kleine Tochter die Woche über in einem Hort abgab.

Kurz bevor Astrid in die Schule kommt, einigen sich ihre Mutter und der Vater darauf, daß sie mit ihm nach West-Berlin gehen und dort in seiner Familie mit der zweiten Frau leben darf: »Er wollte unbedingt, daß ich bei ihm lebte. Zu dieser Zeit arbeitete mein Vater schon beim Film und Theater... Ich war gern mit meinem Vater mitgegangen, aber der Wechsel in den ›Westen‹ war für mich zunächst furchtbar. Insbesondere mein erster Schulbesuch, denn in der Zeit war es noch etwas völlig

Außergewöhnliches, als schwarzes Kind in der Schule zu erscheinen. Die Klassenlehrerin guckte mich an und sagte laut: ›Das ist ja ein hochinteressanter Fall!‹ Ich war ein ›Fall‹, kein Mensch...«
Astrid hat es als Kind sehr belastet, während der gesamten Schulzeit immer das einzige Kind mit anderer Hautfarbe zu sein, ja überhaupt das einzige »Ausländerkind«. Wenn irgend etwas angestellt worden war, dann hieß es schnell: »Das war die Schwarze!«

Astrid Berger erinnert sich heute: »Gerade bei solchen Ereignissen war es so wichtig für mich, meinen Vater zu haben. Wenn ich nach Hause kam und erzählte, was man zu mir gesagt hatte, unterstützte er mich immer und sagte: ›Das sind arme Menschen.‹ Er konnte als Schwarzer hier ganz gut leben, fühlte sich nicht angegriffen. Wenn ihn Leute auf seine Hautfarbe ansprachen, lachte er und erklärte ihnen Dinge über Afrika...

Astrid Berger und ihr Vater Gottlieb Kala Kinger

Meine Pflegemutter hatte sich aufgrund ihrer Erfahrungen als Jüdin im 3. Reich die Haltung angeeignet, ›nur nicht auffallen‹. So war sie auch wenig geneigt, mich offensiv zu unterstützen. Bei meinem Vater hatte ich jedoch immer das Gefühl, er hätte nichts auf mir sitzen lassen, wenn mir Unrecht geschehen wäre. Daher kann ich auch meine Tochter ganz gut verteidigen und hinter ihr stehen. Es war sehr wichtig für mich, die sechs Jahre einen Menschen zu haben, auf den ich mich blind verlassen konnte – ich habe nie wieder von einem Menschen so viel Zuwendung bekommen.«

Obwohl ihr Vater bei Film und Theater recht gut verdient, erinnert sich Astrid Berger, daß es ihr damals schon unangenehm war, welche Rollen in der Regel allein für schwarze Darsteller möglich waren: » ...viele Afrikaner und Afro-Deutsche, die dort arbeiteten, beschönigten ihre Situation vor sich selbst und logen sich etwas vor, indem sie sagten: ›Die brauchen uns.‹ Der Verdienst ist gut, aber entweder spielst du den nackten Wilden oder die nackte Wilde oder Dienstbotenrollen. Es werden keine schauspielerischen Fähigkeiten verlangt, nur daß du anders aussiehst. Aber wenn du keine Wahl hast, dann beschönigst du eben das, was dir bleibt.«

Astrid ist noch ein Kind, als der Vater 1960 nach einem Schlaganfall auf der Bühne zusammenbricht und stirbt. Danach bleibt sie bei seiner zweiten Frau wohnen, die sie als eine »äußerst strenge Erzieherin« erinnert. Mit achtzehn Jahren beginnt sie ein Musikstudium mit den Schwerpunkten Klavier und Gesang, nach dessen Abschluß ihr ein Engagement als Solistin an der Oper in Kiel angeboten wird. Zu diesem Zeitpunkt ist sie 27 Jahre alt und hat bereits ihre kleine Tochter Julia geboren. Die Doppelbelastung einer solchen Künstlerlaufbahn mit einem kleinen Kind erscheint ihr zu groß. Sie lehnt das Angebot ab und macht eine Ausbildung als Krankenschwester, der Beruf, in dem sie noch heute arbeitet. Vom Vater des Kindes, einem Italiener, trennt sie sich wenig später.

»Ich hatte mir für Julia so sehr eine intakte Familie gewünscht, eine Familie, wie ich sie als Kind selbst vermißt habe. Für mich war diese Trennung trotzdem der richtige Entschluß. Ich habe versucht, meiner Tochter eine gute Mutter und Freundin zu sein und sie zu einem furchtlosen, geraden Menschen zu erziehen.«

»Und ich bin bunt!«

Individualität stärken

Ein Buch des Verbandes bi-nationaler Familien und Partnerschaften (IAF e. V.) zur »bi-kulturellen Erziehung in der Familie« trägt den Titel » ...und ich bin bunt!« Die Anregung dazu kam von der vierjährigen Jenny: »Meine Mutter ist weiß, mein Vater ist schwarz, ...und ich bin bunt!«[50]

Wie sehen sich Kinder selbst? Wie nehmen sie sich untereinander wahr? Und wie kann man sie in einer nicht-rassistischen Sichtweise unterstützen – in einer Wahrnehmung, die zuerst die starken und gemeinsamen Seiten deutlich werden läßt?

In einer niederländischen Schule wurde im Rahmen des Vorläufers des deutschen »Das-sind-wir«-Projekts (siehe auch das Kapitel »Olivia gehört dazu!« S. 129ff) Unterricht im Training zur positiven Selbst- und Fremdwahrnehmung mit etwa elf- bis zwölfjährigen Jungen und Mädchen durchgeführt. In einer Unterrichtsstunde über Selbstportraits beschrieben zuerst die Kinder selbst, welche Farben sie zur Gestaltung der Augen, der Haare, der Haut usw. ausgewählt hatten, was ihnen dabei leicht- und was ihnen schwergefallen sei.

Ein chinesisches Mädchen hält schüchtern ihr Selbstportrait hoch. Jeder sieht, daß sie ihre Haut leuchtend gelb gemalt hat. Ein anderes Mädchen meldet sich: »Aber du bist doch nicht gelb im Gesicht, oder findest du das?« Das chinesische Mädchen schaut unsicher in die Runde: »Ich finde auch, daß meine Haut eher rosa ist, aber alle sagen doch, daß Chinesen gelb sind...« Der Lehrer lacht sie ermutigend an und sagt: »Ich finde auch, daß deine Haut rosa ist. Jedenfalls sicher nicht gelb!« Jetzt lacht auch das chinesische Mädchen zum ersten Mal und fragt, noch einmal Bestätigung suchend: »Wirklich?« Alle nikken.

Das Beispiel zeigt, wie deformierend sich gesellschaftliche Rassismen auf Kinder und ihre Wahrnehmung auswirken können. Weil in dieser Klasse eine Lernatmosphäre vorherrscht, bei der sich jedes Kind sicher fühlen kann, hat es auch niemand nötig, das chinesische Mädchen zu verletzen und dumme Sprüche von »Pappchinesen« zu machen. Auch hier tragen ja nicht wenige »gutgemeinte« Kinderlieder, die von den lustigen weißen, roten, gelben und braunen Kindern erzählen, dazu bei, diese Klischees zu erhalten und weiter zu transportieren. Ein Text des Liedermachers Klaus W. Hoffmann karikiert diese Sichtweise und deutet eine freundliche Perspektive an:

Im Land der Blaukarierten sind alle blaukariert.
Doch wenn ein Rotgefleckter sich mal dorthin verirrt,
dann rufen Blaukarierte: »Der paßt zu uns doch nicht!
Er soll von hier verschwinden, der rotgefleckte Wicht!«
…
Im Land der Buntgemischten sind alle buntgemischt.
Und wenn ein Gelbgetupfter das bunte Land auffrischt,
dann rufen Buntgemischte: »Willkommen hier im Land!
Hier kannst du mit uns leben, wir reichen dir die Hand!«[51]

Die Stärkung der Individualität beginnt mit der Wahrnehmung von Individualität. Wie häufig geschieht es, daß Kinder und Jugendliche aufgrund einzelner Merkmale in Schubladen gesteckt werden: »Marischas Vater kommt aus Afrika, daher hat sie das Temperament!« – »John ist behindert, deshalb kapiert er das doch nicht!« – »Norberts Bruder ist kriminell, hoffentlich liegt das nicht in der Familie!« – »Aysche sagt doch nie etwas, das interessiert die alles nicht!«

Wie ermutigend empfinden Kinder und Jugendliche es dagegen, wenn ihnen Raum gegeben wird, positive Seiten ihrer Persönlichkeit zu zeigen. Und jedes Kind und jeder Jugendliche hat solche Seiten: Marischa schreibt vielleicht wunderschöne Gedichte, John kann gut malen, Norbert repariert mit zwölf Jahren schon ganz allein Motorräder, und Aysche kann prima Musik machen. Nur Kinder und Jugendliche, die die eigene positive Identität entdecken und weiterentwickeln können, werden stark sein, wenn andere sie diskriminieren oder sonstwie klein machen wollen.

Es ist immer wieder verblüffend, wie ehemals verschlossene Kinder und Jugendliche dann oft nicht nur beginnen, ihre bestehenden Fähigkeiten zu schätzen, sondern sich plötzlich auch mutig an ihre schwächeren Seiten wagen. Patricia zum Beispiel wächst in einem Heim auf und ist in der Tat bisher immer sehr schüchtern und läßt sich schnell von anderen beiseite schieben. Als ein Junge aus ihrer Gruppe sie mal wieder beim Verteilen von Süßigkeiten »übersieht«, sagt sie erst leise: »Mike, ich war noch nicht dran…« Als der nur barsch entgegnet: »Mensch, ich hab dich gar nicht gesehen«, da springt sie zum ersten Mal auf, stellt sich breitbeinig direkt vor ihn hin und ruft: »Ich bin PA-TRI-CIA!« Mike lacht überrascht und gibt ihr den Rest Süßigkeiten. Bei Patricia ist von da an ein Knoten geplatzt. Bei der nächsten Gelegenheit meldet sie sich zum Verteilen von Süßigkeiten, was sie zuvor nie von sich aus getan hätte.

Ein anderes Beispiel, in dem bei einem Konflikt unter Erwachsenen ein Klischee humorvoll gewendet und damit eine stereotype Wahrnehmung durchbrochen wird, berichtet der Schriftsteller Peter Schütt: »Ein Afrikaner saß in der Straßenbahn in Frankfurt; sie war ziemlich voll. Eine korpulente Dame stieg ein und stellte sich dicht neben ihn. Als er nicht sofort Platz machte, sagte sie: ›Leute wie Sie müssen bei uns stehen.‹ Worauf er antwortete: ›Solche Damen wie Sie frißt man bei uns.‹ «[52]

Die Unsinnigkeit stereotyper Wahrnehmungen oder Behauptungen läßt sich zuweilen deutlich machen, indem man sie wie hier gegen den Verursacher in freundlicher, manchmal ironischer, aber sicher überraschender Weise wendet. Eine wirksame Methode, stereotypen Fragen an Menschen mit einem Aussehen, das viele für »nicht deutsch« halten, wie: »Wo haben Sie denn so gut deutsch gelernt?« Oder: »Woher kommen denn Ihre Eltern?« Oder: »Wie gefällt es Ihnen in Deutschland?« zu begegnen , ist es, einfach ebenso zurückzufragen: »Wo haben *Sie* denn so gut deutsch gelernt? Wo kommen *Ihre* Eltern denn her? Gefällt es *Ihnen* denn in Deutschland?«

Wie beinah überlebensnotwendig das Ringen um eine ehrliche Wahrnehmung, eigene wie fremde, sein kann – eben die Erfahrung positiver Identität – verdeutlicht die Geschichte Patricks, eines siebzehnjährigen homosexuellen Jugendlichen, dessen Vater US-Soldat und dessen Mutter Deutsche ist:[53]
»Geboren wurde ich in Süddeutschland, habe dann aber die ersten beiden Lebensjahre bis zur Trennung meiner Eltern in einem der Südstaaten in den USA verbracht. Danach ging Mutter mit mir allein nach Norddeutschland, wo ich auch eingeschult wurde...
Als Junge hatte ich ziemlich oft unter meiner Hautfarbe zu leiden. Ich war zudem immer ziemlich schmächtig, und so hieß es schnell: ›Los, Bimbo, mach mal das und mach mal dies!‹ Als ich auf die Gesamtschule kam, wurde es ein wenig besser...
Da konnte ich die Freundschaft eines älteren, ziemlich anerkannten Jungen gewinnen. Aber der Preis war anfangs erniedrigend. Ich habe für den von zu Hause Kuchen oder Schokolade mitgebracht, später auch mal Zigaretten oder Geld. Als Mutter mich einmal erwischt hat, weil ich nichts mehr hatte und ihr etwas aus dem Umschlag mit dem Haushaltsgeld stahl, fühlte ich mich unglaublich mies, richtig wie ein Verbrecher. Ich weiß noch, daß ich einmal voller Angst dachte: Vielleicht ist nicht nur meine Haut schwarz, sondern auch meine Seele. Das mußt du dir mal vorstellen, mit zehn oder elf Jahren...

Dabei war Mutter noch ganz human. Sie war eine Weile mit mir zu einem Psychologen gerannt, weil ich immer so nervös war, schlecht einschlief und wenig aß. Nach dem Diebstahl beging ich meine erste Heldentat: Ich ging zu dem älteren Schüler, Frank hieß der, und sagte, daß ich nicht mehr sein Freund sein wollte, weil mich meine Mutter beim Klauen erwischt hatte von Geld, das für ihn bestimmt war. Da merkte ich erst, daß Frank davon nie was geahnt hatte, sondern davon ausgegangen war, ich würde das einfach so von mir aus tun. Er reagierte wirklich super und meinte, ich solle bloß nie wieder was wegnehmen für ihn, und er fände mich auch so prima...

Wir waren dann ein Jahr richtige Freunde. Ich himmelte ihn weiter an – aber jetzt hatte ich auch wirklich einen Grund. Frank sah gut aus, alle Mädchen waren hinter ihm her, und doch war er oft mit mir zusammen. Wir bauten an seinem Rennrad herum, machten sogar Fahrradtouren. Er war wie ein Bruder und Freund zusammen. Er ist der einzige, dem ich von meiner Angst mit der schwarzen Seele erzählte. Was er darauf sagte, war wie ein Geschenk: ›Wo hast du den Scheiß denn her? Schau mal an, wie schön braun deine Haut ist, dafür müssen viele Weiße ewig auf der Sonnenbank braten und sehen dann doch nur angebrannt und faltig aus. Du hast die geilste Haut, die ich kenne!‹ Das habe ich offensichtlich so intensiv wahrgenommen, daß ich noch heute seine Stimme im Ohr habe, wie er das sagte: › ...schön braun deine Haut – die geilste Haut, die ich kenne!‹

Leider zog seine Familie ein Jahr später in eine andere Stadt. Das war so weit, daß wir uns nicht mal mehr besuchen konnten. Und irgendwann schickte er mir ein Foto von seiner ersten Freundin, und dann hörte ich gar nichts mehr von ihm.

Das war so ungefähr, als ich selbst merkte, daß ich nicht nur eine andere Hautfarbe habe, sondern auch sonst noch anders bin als alle anderen Jungen, die ich damals kannte. Obwohl ich bis heute manchmal denke, daß vielleicht auch Frank so war und daß das mit dem Foto von der Freundin nur ein Märchen war…

Das war so: Ich hatte begonnen, in einen Schwimmverein zu gehen, weil ich doch so dünn war. Das war jetzt noch schlimmer geworden, weil ich schnell über einsfünfundachtzig wuchs, aber ansonsten ein Knochengerüst blieb. Dort wurde nach dem Training immer geduscht, und ich merkte, wie fasziniert ich nach den anderen Jungenkörpern hinschaute. Anfangs war das ganz naiv, wirklich unschuldig. Bis einmal ein anderer Junge ziemlich sauer zurückschaute und meinte: ›Ej, sag mal, geilst du dich hier auf oder was?‹ O Mann, ich hatte tatsächlich ein halbsteifes Glied bekommen. Am liebsten wäre ich im Boden versunken. Ich trocknete mich schnell ab und ging da nie mehr hin, ohne jemandem zu sagen, warum…

Dann folgte die bisher schlimmste Zeit meines Lebens. Ich bin ja nicht blöd. Sehr bald hatte ich raus, daß ich das war, was andere verächtlich ›schwul‹ nennen. Ein schwarzer Junge in Deutschland, der schwul ist. Ich war hundert Prozent sicher, daß es so etwas auch woanders nicht noch mal auf der Welt geben würde. Ich dachte: Wenn das jemand herausbekommt, werde ich daran kaputtgehen. Das halte ich nie aus. Schließlich wußte ich, was Erniedrigung ist.

Kurz vor meinem sechzehnten Geburtstag kam Mutter auf die Idee, daß ich doch ein paar Mitschülerinnen und Mitschüler einladen solle. Das versetzte mich in absolute Panik. In meinem Zimmer hingen nur Fotos von männlichen Popstars, möglichst halbnackt, was Mutter bisher aus unerklärlichen Gründen nicht aufgefallen war. Die hätte ich natürlich abhängen können. Aber ich wußte plötzlich: Wenn ich die hier reinlasse, dann werden die es merken, so oder so, die werden es riechen.

Mutter blieb ahnungslos. Es hört sich heute banal an, aber dieser bevorstehende Geburtstag gab mir den Rest. Ich hatte das Gefühl, alles läuft auf einen Abgrund zu. Es gibt einfach kein

Entkommen mehr für mich. Ich bin verloren, total einsam, nie werde ich eine Freundin haben, nie Kinder und – was ich inzwischen genauso schrecklich fand – niemals einen Freund. Eine Woche vor diesem Scheißgeburtstag schnitt ich mir im Keller die Pulsadern auf. Eine Nachbarin fand mich zufällig spät am Abend...
Wenn du mit so was ins Krankenhaus kommst, wird immer auch ein Psychologe dazugeholt. Als ich wieder zu mir kam, war ich zuerst erschrocken, daß es nicht geklappt hatte. Dieser Psychologe war jedoch wirklich mein Lebensretter. Er war noch ganz jung und ließ mir ganz viel Zeit. Ich sagte, ich wolle nichts sagen. Da nickte er nur und kam am nächsten Tag wieder. Dann meinte er: »Du bist jung, siehst gut aus – hast du Liebeskummer?« Ich erstarrte bei seinen Worten. Dann legte er seine Hand auf meinen Arm und streichelte mich ganz vorsichtig. Plötzlich kam die ganze Scheiße hoch bei mir, und ich fing total an zu heulen, wie ein Kind, so hatte ich zuletzt wirklich als kleines Kind geheult. Er blieb die ganze Zeit bei mir sitzen, hielt mich im Arm wie ein Vater. Dann sagte ich zu ihm: »Ich bin schwul...« Dabei sah ich ihn an. Auch er sah mich an und sagte: »Gut, daß du es endlich gesagt hast!«

Und so war es auch. Er half mir bei den ersten Schritten in die schwule Welt. Obwohl er selbst heterosexuell ist, kam er sogar das erste Mal mit in eine schwule Disco in die nächste große Stadt. Endlich, vielleicht zum ersten Mal in meinem ganzen Leben, fühlte ich, daß mein Schwarzsein etwas Besonderes war, ich meine, etwas Begehrenswertes. Für viele andere Männer war ich tatsächlich besonders geil – jung, schlank, schwarz. Für viele scheint das der absolute Traum zu sein. Für mich war es die Medizin. Ich schmiß all meine braven Klamotten weg und kaufte mir enge Jeans, ging mit aufgerissenen T-Shirts zum Tanzen, ließ mir einen Ring ins Ohr und einen durch die Brustwarze ziehen.

Ein halbes Jahr war ich jedes Wochenende unterwegs. Mutter verstand die Welt nicht mehr. Als ich ihr sagte, daß ich schwul bin, glaubte sie es mir einfach nicht. »Du bist übergeschnappt«, meinte sie angesichts meines neuen Kleidungsstils, aber sie sagte es nie böse, weil sie ja sah, wie ich darum strampelte, mein Leben irgendwie hinzukriegen. Ich hatte dann auch ziemlich schnell sexuelle Erfahrungen. Das war alles aufregend, aber das Eigentliche fehlte mir noch.

Umschlagzeichnung des Buches »Sojourner – Schwarze schwule Stimmen in Zeiten von AIDS«, New York 1993

Was das war, merkte ich, als ich einmal von einem weißen Amerikaner abgeschleppt wurde, der mir im Hotel Flugblätter und ein Buch von Organisationen von schwarzen Schwulen in den USA zeigte. Das war das bisher Größte in meinem Leben. Meine Panik, ganz allein zu sein, begann allmählich, kleiner zu werden. Ich habe bisher noch keinen anderen schwulen Schwarzen persönlich kennengelernt, wohl schon mal zu Besuch in Frankfurt aus der Ferne in einer Kneipe welche gesehen...
Seit ein paar Wochen habe ich einen festen Freund, Jörg, der genauso alt ist wie ich. Es ist ganz irre zu sehen, daß ich ihm manchmal raten kann, wie er sich verhalten muß, wenn andere ihn blöd anquatschen. Es ist so, als hätte ich inzwischen ganz schön was an Erfahrung angesammelt – als schwarzer und als schwuler Junge. Und weil ich nicht daran kaputtgegangen bin, bekomme ich jetzt ganz allmählich was davon zurück. Das ist wenigstens ein bißchen gerecht, finde ich.«

»Raus aus der Vereinzelung!«

Sich gemeinsam engagieren

»Vereinzelung bedeutet, unsichtbar zu sein, leicht übersehen zu werden, alleine kämpfen zu müssen. Es hat lange gebraucht, das zu erkennen, aber wir haben uns entschlossen, Farbe zu bekennen«, schreibt May Opitz[54] zur Motivation afro-deutscher Frauen, sich zu organisieren und sich auch öffentlich zu Wort zu melden. Und im Vorwort ihres Buches *Farbe bekennen* führen sie weiter aus: »Beinahe jede von uns ... war es gewohnt, sich allein mit ihrer Herkunft und Identität auseinanderzusetzen. Intensiven Kontakt zu anderen Afro-Deutschen hatte kaum eine zuvor gehabt. Wenn wir Freundinnen und Freunde mit unseren Gedanken und Problemen konfrontieren, müssen wir immer befürchten, jemanden zu verlieren oder für ›zu empfindlich‹ gehalten zu werden.
Uns als Afro-Deutsche zu begegnen und aufeinander einzulassen, war ein völlig anderes Erlebnis. Gemeinsam war uns fünfen unsere andere Sozialisation, ansonsten waren wir sehr verschieden: durch unser Leben in Berlin, der DDR und Westdeutschland, unsere Erfahrungen in Familie und Beruf, als lesbische oder heterosexuelle Frauen, und in unseren Bezügen zum afrikanischen bzw. afro-amerikanischen Teil unserer Herkunft ...
Unser Leben wird leichter sein, wenn wir nicht immer von neuem unsere Existenz erklären müssen.«
Damit sind wesentliche Momente für ein gemeinsames Engagement benannt, die so oder ähnlich auch von anderen Individuen oder Gruppen mit Minderheiten- oder Diskriminierungserfahrungen beschrieben werden könnten:

- Vereinzelung bedeutet Isolation, heißt abgeschnitten zu sein von gesellschaftlicher Kommunikation über Werte und Normen. Isolierte Menschen gehören nicht zur Norm – und von der Vereinzelung zur Ausgrenzung ist es oft nur ein kleiner Schritt.
- Indem der bislang isolierte oder unterdrückte Aspekt der Persönlichkeit endlich wahrgenommen und öffentlich formuliert wird, entsteht eine Teilhabe an jenem gesellschaftlichen Bewußtsein, das darüber entscheidet, was dazugehört und selbst bei vorerst anhaltender kritischer oder ablehnender Haltung von Mehrheiten nicht weiter ignoriert werden kann.
- Die Vereinzelung zu durchbrechen, muß keineswegs heißen, sich irgendwelchen Normen anzupassen oder danach zu streben, den Normenkanon so zu erweitern, daß man/frau auch selbst als normal dazuzählen »darf«. Wesentlich entscheidender ist der Aspekt der Selbstachtung, des Aufrechtgehen-Könnens selbst unter schwierigen Bedingungen.
- Die Vereinzelung zu durchbrechen, bedeutet schließlich nicht, die jeweilige Individualität aufzugeben, im Gegenteil: Gerade die ganzheitliche Wahrnehmung der Persönlichkeit ist das Ziel, sie allein ist wichtig zur Entwicklung individueller Stärken wie zur Schaffung eines gemeinsamen Bewußtseins, das nicht neue Unterdrückung hervorbringt.

»Nicht mehr die eigene Existenz erklären« und rechtfertigen zu müssen, sich konzentrieren zu können auf positive Aspekte und nicht alle Energien in innere wie äußere Verarbeitung von Diskriminierung stecken zu müssen – darin liegt auch die Bedeutung für Kinder und Jugendliche, wenn sie ihre Vereinzelung überwinden. Selbst für diejenigen Kinder und Jugendlichen, die bislang scheinbar auf der Seite der Mehrheit oder der Norm gestanden haben, ist es bedeutungsvoll, Aspekte der eigenen Persönlichkeit in bislang fremd wirkenden Gleichaltrigen erkennen zu können. Indem wir etwas über bislang äußer-

lich Fremdes lernen, begreifen wir immer auch etwas über innere Fremdheiten, Ängste und Verdrängungen unserer Persönlichkeit.
Durch ein gemeinsames Engagement kann so ein zunächst abstrakter Vorgang der Auseinandersetzung mit Vertrautem und Fremdem Richtung und Humanität bekommen. Es muß dann nicht jede und jeder sogleich Privates offenbaren, sondern kann sich in gemeinsamer Arbeit für ein gemeinsam bestimmtes Ziel mit den Fähigkeiten einbringen, die sie oder er an sich selbst als positiv erfahren haben. Die anderen lernen neue Seiten kennen, werden bestätigen oder helfen, einen zaghaften Anfang selbstbewußter fortzusetzen.
In der Familie zum Beispiel ist gut vorstellbar, daß gemeinsam eine Aufgabe ausgewählt wird, die jenseits der häuslichen Pflichten liegt und die man allein oder im Rahmen einer Organisation anpackt. Familien, in denen Erwachsene mit ihren Kindern oder Jugendlichen sich gemeinsam politisch, kulturell oder sozial engagieren, haben oft wesentlich weniger zu klagen über Langeweile, Desinteresse aneinander oder unüberwindbare Konflikte untereinander. Bei solch einem Engagement erfahrene Gleichwertigkeit kann wesentlich befreiender sein, als wenn sich eine ganze Familie auf das »problematische Kind« konzentriert, was manchmal die anderen vielleicht kurzfristig entlasten kann, jedoch selten zu echten Lösungen führt.
Im folgenden sollen zwei Organisationen etwas näher vorgestellt werden, die in der Bundesrepublik Deutschland in bezug auf die Lebenssituation von Kindern und Jugendlichen mit nicht-weißer Hautfarbe Ansatzmöglichkeiten für unterschiedliche Formen des Engagements bieten. Dort kann man zum Beispiel andere Eltern treffen, die ebenfalls Kinder oder Jugendliche mit nicht-weißer Hautfarbe haben. In der politischen Arbeit gegen Rassismus gibt es darüber hinaus inzwischen erfreulicherweise viele weitere Gruppen und Organisationen,

deren Anschriften sich in einer Übersicht im Anhang dieses Buches finden.

Der Verband bi-nationaler Familien und Partnerschaften (IAF e. V.)

»Wollen Sie sich über Aufenthaltsrecht oder Arbeitserlaubnis, über Eheschließung oder Scheidung, über familienrechtliche Fragen im In- und Ausland, über Eheverträge oder Einbürgerung informieren?
Möchten Sie Unterstützung im Umgang mit Behörden und Ämtern?
Suchen Sie Gleichgesinnte, um gegen Rassismus und Diskriminierung aktiv zu werden?
Interessieren Sie sich für Themen des interkulturellen Zusammenlebens, zweisprachige Erziehung, andere Religionen, unterschiedliche Werte und Normen?
Möchten Sie, daß Ihre Kinder sich von klein auf mit anderen bi-nationalen Kindern in unseren Kindergruppen treffen und miteinander spielen?
Oder wünschen Sie sich ganz einfach Kontakt zu anderen Bi-nationalen, wollen Sie mal reden und sich austauschen?
Dann kommen Sie zu uns!«

So lädt ein Faltblatt der bundesweiten Selbsthilfeorganisation bi-nationaler Familien und Partnerschaften ein. Mitglieder sind überwiegend bi-nationale Paare mit jeweils einem deutschen und einem nicht-deutschen Partner. Zunehmend kommen jedoch auch Paare, in denen kein Partner deutscher Nationalität ist, zum Beispiel türkisch-britische oder französisch-iranische Paare. Unter Paaren werden ausdrücklich nicht nur Ehen verstanden, sondern alle vorstellbaren Formen von Partnerschaften. Einige Ortsgruppen, wie zum Beispiel in Bonn, ermu-

tigen ausdrücklich auch beispielsweise homosexuelle bi-nationale Paare zur Mitarbeit.
1972 wurde die Organisation unter dem heute etwas antiquiert klingenden Namen als »Interessengemeinschaft der mit Ausländern verheirateten Frauen« (daher die Abkürzung: IAF) als Antwort auf die ungerechtfertigten Abschiebungen von palästinensischen Ehemännern deutscher Frauen gegründet. Mit und in der IAF begannen Frauen, sich gemeinsam für ihre Rechte einzusetzen und gegen Rassismus und Diskriminierung zu kämpfen.
Heute können bei der Frankfurter Bundesgeschäftsstelle die Anschriften von rund fünfzig regional arbeitenden Gruppen angefragt werden. In zwanzig Städten gibt es eigene Räumlich-

Zeichnung aus einer Veröffentlichung der IAF Bonn zu multikulturellen Kinderbüchern

keiten. Die IAF finanziert sich weitgehend durch Mitgliedsbeiträge und Spenden sowie durch Zuschüsse aus öffentlicher Hand. Referentinnen und Referenten des Verbandes gehen auch in Schulen und Kindergärten, um aufzuklären. Die rechtliche und soziale Gleichstellung bi-nationaler Familien mit anderen zu erreichen, ist das politische Ziel: »Die doppelte Staatsangehörigkeit, politische Beteiligung an Wahlen und die Schaffung eines Antidiskriminierungsgesetzes sind nur erste Schritte.«[55]

Die Initiative Schwarze Deutsche (ISD e. V.)

Die Mitbegründerin, Pädagogin und Dichterin May Ayim stellt die Initiative Schwarze Deutsche so vor:
»Als sich deutsche Frauen afrikanischer Herkunft Mitte der achtziger Jahre zusammenfanden und mit dem Buch *Farbe bekennen* erstmals generationenübergreifend ihre Geschichte und Gegenwart in der deutschen Gesellschaft dokumentierten, war dies der erste Schritt zur Gründung der Initiative Schwarze Deutsche (ISD/Berlin) und der Afro-deutschen Frauen (ADEFRA/München), die seit 1986 zunächst in mehreren bundesdeutschen Städten, dann auch in einzelnen Städten der DDR, regionale Untergruppen bildeten ...
Ziel der organisierten Zusammenschlüsse von schwarzen Deutschen ist es, die Interessen und rechtmäßigen Ansprüche schwarzer Menschen in der Bundesrepublik zu artikulieren, gemeinsam mit progressiven Weißen den Kampf gegen Rassismus und Antisemitismus anzutreten und, über die Grenzen der Bundesrepublik hinaus, die Vernetzung mit immigrantenpolitischen und anderen Organisationen von Schwarzen zu intensivieren ...
Die junge Bewegung von schwarzen Deutschen, die erst vor zehn Jahren begann, sich in Zusammenschlüssen zu organisie-

Zeichnung aus einer Veröffentlichung der IAF Bonn zu multikulturellen Kinderbüchern

ren, ist im Begriff, sich in der bundesdeutschen und internationalen Öffentlichkeit Gehör zu verschaffen.«[56]

In einem Informationsblatt der ISD heißt es: »Mit Begriffen wie ›Schwarze Deutsche‹ oder ›Afro-Deutsche‹ als Ausdruck unserer ›multikulturellen‹ Herkunft, bestimmen wir uns selbst, anstatt bestimmt zu werden. Unsere Definition beschränkt sich übrigens nicht auf die Hautfarbe, sondern schließt alle vom Rassismus betroffenen Minderheiten ein.«[56]
Bundesweit sind nach Auskunft des ISD Nordrhein-Westfalen gegenwärtig etwa dreihundert Mitglieder organisiert.

4. Teil
In die Haut des andern schlüpfen

Ideen zum Zusammenleben in der Schule

»Das Schlimmste war, als Neue in die Klasse zu kommen. Dreimal mußte ich während meiner Schulzeit umziehen, weil Vaters Beruf das mit sich brachte.
Zweimal war es ein einziger Horror. Die anderen Kinder haben mich angestarrt wie im Zoo, keiner hat mit mir gesprochen. Die Lehrerin hat nur gesagt: ›Das ist Chantal, seid mal nett zu ihr!‹
In der zweiten Schule war nicht mal das. Da habe ich erst kaum den Klassenraum gefunden, und dann hieß es: ›Wo kommt die denn her? Die wollen wir nicht in unserer Klasse, die soll mal dahin gehen, wo sie hergekommen ist, aus dem Busch...!‹
Das tat so weh.
Beim dritten Umzug dann eine ganz schöne Überraschung: Ein junger Lehrer, der vorher bei uns zu Hause gewesen war und mich mit zwei anderen Schülern am ersten Tag in der Schule abholte. Er bat mich, Fotos aus meinem bisherigen Leben mitzubringen. Die haben wir uns dann alle angeschaut beim gemeinsamen Frühstück, alle dreißig Schüler haben die angeschaut und ein paar haben mich sogar was gefragt: Ob ich ein Hobby habe? Welches mein Lieblingstier ist und so...
Der erste Schultag dort verging wie im Flug, und hinterher dachte ich ganz erstaunt: So geht das also auch!«[57]

»Zusammenleben lernen«

Kriterien für interkulturellen Unterricht

Multikulti, Bunte Republik Deutschland, Heimat Babylon – einige Buchtitel der letzten Jahre sind zu Schlagworten in der öffentlichen Diskussion geworden und haben zumindest Spuren im Bewußtsein vieler hinterlassen[58]: Die Bundesrepublik hat sich verändert in den letzten Jahrzehnten, ob einem dies gefällt oder nicht. Nicht nur in Deutschland, sondern in den meisten Ländern Europas lautet die Frage nicht mehr: Wollen wir eine multikulturelle Gesellschaft? Sondern: Wie können wir auf menschliche, verantwortliche Weise mit den Problemen und den Chancen, die sich aus einer bestehenden vielfältigen und offenen Gesellschaft ergeben, umgehen?

Dieses Foto der niederländischen Fotografin Annette den Heeten gewann den von »Pop against Racism« organisierten Fotowettbewerb 1994

Sehr schnell werden, besonders wenn Gewalt im Spiel ist, Schulen und Eltern in die Pflicht genommen: Was ist da falsch gelaufen in der bisherigen Erziehung? Was muß sich ändern? Problematisch an solchen beliebten Formulierungen ist, daß Pädagogik und gesellschaftspolitische Entwicklungen in der Regel getrennt betrachtet werden. Dann sollen unversehens Lehrer und Eltern »reparieren«, »befrieden« und ausbügeln, was in der Gesellschaft kaputt, verfeindet und in Unordnung geraten ist.

Die folgenden allgemeinen Kriterien für Ideen, wie multikulturelles Zusammenleben gelernt werden kann, wurden gemeinsam mit Edith Broszinsky-Schwabe von der Humboldt Universität Berlin und Beate Winkler vom Büro der Ausländerbeauftragten in Bonn formuliert.[59] Sie gehen von der entgegengesetzten Perspektive aus: Wie können angesichts gesellschaftlicher Konflikte um die Wirklichkeit der multikulturellen Gesellschaft Kinder und Jugendliche so gestärkt werden, daß sie nicht Opfer, sondern Mitgestalter dieser Wirklichkeit werden können? Oder einfacher: Wie können Kinder und Jugendliche vielfältiges Zusammenleben auf eine positive Weise lernen?

Mit den hier vorgelegten Kriterien für interkulturellen Unterricht sollen keine Zensuren für bisheriges pädagogisches Engagement verteilt werden. Denn zunächst ist sicher prinzipiell jede Initiative zu begrüßen, die sich deutlich gegen Rassismus und für eine gewaltfreie, vielfältige Gesellschaft artikuliert. Es geht eher um Anregungen für einen (selbst-)kritischen Dialog und um Entscheidungshilfen für die Auswahl und Erstellung zukünftiger Materialien und Medien für Lehrerinnen und Lehrer, Eltern, Pädagoginnen und Pädagogen in der außerschulischen Bildungsarbeit, aber auch für Kultusbeamte und Schulbuchverlage.

Die der Übersichtlichkeit wegen kurz und pointiert formulierten Kriterien sind sicher vorläufig. Einiges des bereits Gesagten werden Sie hier zusammengefaßt wiedererkennen. Die Kriterien sind außerdem noch nicht nach Fächern oder Altersgruppen aufgeschlüsselt. Eine solche Differenzierung gehört zu den bevorstehenden Aufgaben.

Eine methodische Vorbemerkung noch: Bei den je acht emotionalen und intellektuellen Kompetenzen, die im folgenden als Kriterien für guten interkulturellen Unterricht benannt werden, ist eine weitere Kompetenz beständig mitgedacht – die der Kommunikation. Methodisch heißt dies, Lernformen zu bevorzugen, die Kommunikation erleichtern: Lernen im Kreis, in Gruppen, in Rollenspielen, in Formen, die unterschiedliche verbale und nonverbale Zugänge ermöglichen.

»Kommunikation heißt nicht nur Mitreden-Können, sondern ist gleichzeitig auch Voraussetzung zur gegenseitigen Wahrnehmung. Gewaltorientierte und Minderheiten ausgrenzende Verhaltensweisen zeigen sich vor allem dort, wo das Sich-Durchsetzen-Müssen Vorrang hat. Die Erfahrung, daß zugehört wird, daß unterschiedliche Äußerungsformen und Sichtweisen nicht nur zulässig, sondern gewünscht sind, kann befreiend wirken: Gewalt als Mittel zur Durchsetzung der eigenen Ansicht und des eigenen Willens wird überflüssig, wo meine Meinung gehört und respektiert wird. Ein erster Schritt in die andere Richtung besteht häufig darin, daß überhaupt eine Wahrnehmung der eigenen Person erfahren wird. Hierauf können dann auch einfühlsame und solidarische Verhaltensweisen gegenüber anderen aufbauen. Eine umgekehrte Schrittfolge bleibt häufig in moralischen Appellen stecken.«[60]

Werden die folgenden Kompetenzen beim interkulturellen Unterricht berücksichtigt?

Emotionale Kompetenzen

1. Werden neue Wahrnehmungen zugelassen?
Die Fähigkeit, differenziert wahrzunehmen, ist nicht zuerst eine verstandesmäßige, sondern eine gefühlsmäßige Qualität. Wir sehen nur, was wir emotional sehen wollen (oder auch: verkraften können). Neue Wahrnehmungen werden nur dann als Bereicherung empfunden, wenn vorab eine Bereitschaft und Offenheit geschaffen wurde. Deshalb: Ist im Unterricht Aufmerksamkeit auf das Neugierigmachen, das Zulassen von neuen Wahrnehmungen, verwandt worden?

2. Herrscht eine sichere Lernatmosphäre?
Kommunikation ist Voraussetzung für gewaltfreies Zusammenleben. Wo niemand Angst haben muß, daß seine Interessen ungehört bleiben, kann man auch anderen zuhören. Wo niemand lächerlich gemacht wird, werden gewalttätige Formen der Durchsetzung überflüssig. Deshalb: Besteht ausreichende Sensibilität bei Lernformen und -inhalten, so daß jeder zu Wort kommen kann und jeder auch still sein darf, ohne Angst haben zu müssen, daß seine Integrität verletzt wird? (Dieser Aspekt soll im folgenden Kapitel noch näher ausgeführt werden).

3. Wird die Individualität des einzelnen gestärkt?
Der Aufbau einer positiven Identität ist heute eine ebenso fundamentale wie schwierige Aufgabe für alle Kinder und Jugendlichen, die ihnen kaum mehr wie früher (wenigstens zum Teil) von Elternhaus, Kirche oder sonstigen moralischen Instanzen abgenommen werden kann. Die meisten Kinder und Jugendlichen sind mit sich widerstreitenden gesellschaftlichen und familiären, oft zusätzlich aus verschiedenen Kulturen kommen-

den Ansprüchen konfrontiert, die sie jeweils höchst individuell für sich gestalten müssen. Zusätzliche Festlegungen (z. B. aufgrund von Herkunft oder Religion) wirken meist eher erschwerend. Deshalb: Wird der Individualität der oder des einzelnen genügend Raum gegeben? Werden Festlegungen (auch gutgemeinte) vermieden, und wird statt dessen der Aufbau einer positiven Identität vorbehaltlos unterstützt?

4. Können Gemeinsamkeiten entdeckt werden?
Anders verhält es sich, wenn Kinder und Jugendliche von sich aus Gemeinsamkeiten mit Altersgefährten entdecken, die sie bisher als ganz anders empfunden haben. Solche Entdeckungen können als Befreiung empfunden werden und sind das Gegenteil von Mitleid oder falschem Verständnis. Deshalb: Gibt es Anknüpfungspunkte zum Entdecken gemeinsamer emotionaler Befindlichkeiten mit bislang eher als fremd Empfundenen?

5. Können positive (Konflikt-)Lösungen erfahren werden?
Es gibt Aufgabenstellungen und Konfliktkonstellationen, wo es als zwingend notwendig erfahren werden kann, daß nur unterschiedliche Kompetenzen (z. B. kulturelle Erfahrungen) zu einer Lösung führen können. Bedeutsam ist hierbei, daß kulturelle Vielfalt nicht moralisch belobigt wird, sondern – im Grunde ohne Worte – als hilfreich *erfahren* wird. Deshalb: Sind Aufgabenstellungen vorhanden, die zur Lösung unterschiedliche (kulturelle u. a.) Kompetenzen erfordern?

6. Wird Einfühlung in Leid-Erfahrungen ermöglicht?
Einfühlung in Leid-Erfahrungen ist etwas anderes als oberflächliches Mitleid. Besonders wichtig ist hierbei, daß potentielle oder wirkliche Opfer nicht in dieser Rolle festgelegt werden, sondern gerade durch die Einfühlung der anderen daraus befreit werden, durch Wahrnehmungen wie: »Das würde mir

genauso weh tun!« oder: »Da hätte ich auch nichts machen können!« Für viele Kinder und Jugendliche, die fasziniert sind von der gesellschaftlich anerkannten Rolle des Stärkeren, oft auch des Gewalttätigen, sind solche Einfühlungen häufig eine wesentliche Voraussetzung, um zu eigenen Verwundungen oder Empfindlichkeiten stehen zu können. Deshalb: Werden Einfühlungen ermöglicht, die die Würde des Opfers wahren, es nicht in dieser Rolle festlegen und die gleichzeitig auch Verletzlichkeiten der vermeintlich Starken zulassen?

7. Wird solidarisches Verhalten geübt?
Die Einfühlung in Leid-Erfahrungen ist Voraussetzung für solidarisches Verhalten, das weder aufgrund eines moralischen Appells noch zur Beruhigung des eigenen schlechten Gewissens allein zustande kommen soll, sondern immer zuerst der Achtung der anderen geschuldet ist. Wirklich solidarische Menschen fordern weder Dankbarkeit ein, noch beklagen sie die Schlechtigkeit der Welt im allgemeinen. Solidarität ist konkret und wird getragen von einer eigenen Idee von einem menschlichen Zusammenleben. All dies ist für die meisten von uns nicht selbstverständlich, sondern muß geübt werden, um im Ernstfall verfügbar zu sein. Deshalb: Gibt es im Unterricht Übungen zu solidarischem Verhalten, die in jedem Fall das Opfer respektieren?

8. Kann Mehrsprachigkeit als Vorteil erfahren werden?
In vielen Schulen wird es noch als Nachteil erfahren, wenn Kinder und Jugendliche nicht Deutsch als Muttersprache erlernt haben, sondern eine oder auch mehrere andere Sprachen. Dabei ist gerade im Kindes- und Jugendalter die Fähigkeit, mehrere Sprachen gleichzeitig zu erlernen, so ausgeprägt wie später nie mehr im Leben. Deshalb: Werden Anregungen gegeben, ein möglicherweise vorhandenes Potential mehrerer Sprachen in einer Gruppe oder Klasse konstruktiv zu nutzen?

Intellektuelle Kompetenzen

1. Können sich alle Kinder mit den Hauptpersonen des benutzten Lehrmaterials identifizieren?
In den meisten Unterrichtsmaterialien wird noch immer von einem weißen Mittelschichtskind ausgegangen, das gesund ist, deutsch spricht und mit Vater, Mutter und vielleicht noch einer Schwester oder einem Bruder zusammenwohnt. Kommen doch einmal Personen vor, die nicht diesem Stereotyp entsprechen, so befinden sie sich zumeist in der Rolle der »anderen«: Derjenigen, die Probleme haben oder machen, die man verstehen oder denen man helfen soll oder – die moderne Variante – die »unseren« Alltag »bereichern«. Deshalb: Gibt es auf eine selbstverständliche Weise auch Identifikationsangebote, die die tatsächliche Vielfalt widerspiegeln?

2. Wird kein »Wir-und-die-anderen«-Denken befördert, sondern statt dessen zur gegenseitigen Offenheit angeregt?
Das »Wir-und-die-anderen«-Denken abzubauen, bedeutet nicht, von einem ins andere Stereotyp zu fallen: Das Gegenteil von Fremdenfeindlichkeit ist nicht Fremdenfreundlichkeit, sondern ein menschliches und gerechtes Umgehen aller Menschen miteinander. Voneinander zu lernen bedeutet abwägen und auswählen zu können, die eigenen Werte kritisch zu betrachten, ohne gegenüber bislang »Fremdem« unkritisch zu sein. Deshalb: Werden Themen angesprochen, die in gegenseitiger Offenheit mögliche Gemeinsamkeiten entdecken lassen?

3. Zuhause und Heimat als freundliche Qualität, auch gegenüber (bislang) Fremden.
Was bedeutet es, wenn wir »bei uns« sagen? Wen schließen wir dabei aus – wen ein? Welche Bilder und Gefühle fallen uns ein? Unter dem Motto der »Verteidigung der Heimat« bis hin zu aktuellen Slogans der »ethnischen Säuberung« wurden Sehn-

süchte von Menschen nach Geborgenheit und einem Zuhause in der Geschichte schon mehrfach mißbraucht für nationalistische Ziele, die in der Regel über alle Beteiligten viel Leid brachten und noch bringen. Gleichzeitig ist mit einer Verleugnung dieser Sehnsüchte wenig getan. Deshalb: Wie kann die subjektiv-emotionale Seite der Sehnsucht nach Heimat und Zuhause sowie ihr Mißbrauch so deutlich gemacht werden, daß freundliche Alternativen vorstellbar werden, die auch dem (bislang) Fremden ähnliche Sehnsüchte zubilligen?

4. Europa ist einer der fünf Kontinente, aber nicht der Mittelpunkt der Welt.
Beim großen Ziel der europäischen Einigung wird leicht vergessen, daß Europa nur einer der fünf Kontinente ist (und dabei weder qua Fläche noch qua Bevölkerungszahl an vorrangiger Stelle steht). Gleichwohl haben Prozesse internationaler Machtkonzentration (allein noch in ernstzunehmender Konkurrenz mit den USA und Japan) dazu geführt, daß europäische Normen und Werte in den meisten bestehenden pädagogischen Materialien und Medien schlechthin gleichgesetzt werden mit »modern«, »hochentwickelt« und »zivilisiert«. Auch im Interesse einer kulturellen Weiterentwicklung innerhalb Europas ist solch eine unkritische Selbstbelobigung kontraproduktiv. Deshalb: Inwieweit werden Ansatzpunkte geboten, um europäische Kulturen einerseits in ihrer Eigenheit und Vielfalt wahrzunehmen und andererseits auch ein Gespür für europäische Schwachstellen und Fehlentwicklungen zu fördern?

5. Menschen außerhalb Europas kommen mit eigener Stimme und in Vielfalt zu Wort.
Alle hiesigen Nachrichtenmedien sind deutlich majorisiert von Geschehnissen und Personen, die entweder europäisch sind oder aus europäischer Perspektive über außereuropäische Ereignisse berichten. Vor allem Länder der sogenannten »Drit-

ten Welt« werden überwiegend im Kontext von Naturkatastrophen oder politischen Unruhen dargestellt. Politische oder kulturelle Entwicklungen werden in der Regel nicht wahrgenommen. Deshalb: Gelingt es, Gewohnheiten in der Sichtweise der Menschen in anderen Kontinenten zu durchbrechen, indem Menschen außerhalb Europas nicht nur mit eigener Stimme, sondern auch in einer Vielfalt, die ihrer Realität entspricht, zu Wort kommen?

6. Migration hat es zu allen Zeiten gegeben, meist verursacht durch Armut oder Krieg.
Wenn in der Öffentlichkeit über »Flüchtlingsströme« gesprochen wird, dann entsteht schnell der Eindruck, es handle sich hier um ein Ereignis, das von dort nach hier fließt und »uns« in besonderer Weise belastet. Nicht nur sind zu anderen Zeiten auch Deutsche in großen Zahlen ausgewandert (z. B. nach Amerika), auch heute wird die Hauptlast der Versorgung von Flüchtlingen auf der Welt von den ärmsten der armen Länder getragen. Deshalb: Werden Themen im Unterricht so präsentiert, daß »unsere Probleme« mit Migration im Mittelpunkt stehen oder die derjenigen, die ihr Zuhause verlassen mußten?

7. Armut und Krieg sind Folge sozialer Ungerechtigkeiten, bestehender Machtverhältnisse und daran gekoppelter Ideologien von Gut und Böse.
Arme Menschen in reichen Ländern sind »selbst schuld«. Kriege, die von Verbündeten geführt werden, sind »notwendig«. Auch für existentielle Armut in armen Ländern gibt es zahlreiche Erklärungsmuster, die in der Regel die Betroffenen mehr oder minder selbst verantwortlich machen: Sie sind einfach »unterentwickelt«, haben »zu viele Kinder« oder können nicht mit westlichen Leistungsstandards mithalten. Kriege in der »Dritten Welt« sind von undurchsichtigen »Stammesfeindschaften« genährt und verursacht durch fundamentalistische

und »zurückgebliebene« Diktatoren. Wer diese Diktatoren, wenn es sich denn tatsächlich um solche handelt, unterstützt, zuweilen sogar an der Macht hält trotz inneren demokratischen Widerstands, wird nicht thematisiert. Deshalb: Wie können stereotype Erklärungsmuster von Armut und Krieg durch differenzierte Einsichten in soziale und reale Machtstrukturen ersetzt werden?

8. Geschichte ist ein von Menschen gestalteter und gestaltbarer Prozeß.

Wissen allein reicht nicht aus, um verantwortlich handeln zu können – es muß auch eine Einsicht in eigene Handlungsmöglichkeiten als (auch junger) Mensch in einer konkreten historischen Situation wachsen können. Wissen allein kann auch zu Fatalismus führen: Gerade weil jemand weiß, wie »alles gekommen ist«, kann er oder sie resignieren, wenn nicht bei jeder Themenwahl auch mitbedacht wird: Was kann der konkrete Bezug der mir anvertrauten Kinder oder Jugendlichen zu diesem Thema sein? Wo kann es Anknüpfungsmöglichkeiten für eigenes Handeln »zum Besseren« geben (ohne jemanden verpflichten zu wollen oder zu können). Deshalb: Bietet der Unterricht auch Ansätze für eigene Handlungsmöglichkeiten, die einerseits nicht überfordern und Kindern und Jugendlichen Lösungen für von Erwachsenen verursachte Probleme abverlangen, andererseits aber doch deutlich machen, daß jeder einen Beitrag zu einer positiven Veränderung leisten kann?

»Olivia gehört dazu«

Eine sichere Lernatmosphäre schaffen

Vor drei Jahren habe ich in meinem Buch »Als Nazi geboren wird keiner«[61] von dem Plan berichtet, das in Großbritannien und den Niederlanden entwickelte interkulturelle Unterrichtsprojekt *Das sind wir* in Kooperation zwischen dem Anne Frank Haus in Amsterdam sowie zwei Lehrerfortbildungseinrichtungen in Hamburg (dem staatlichen Institut für Lehrerfortbildung/IfL sowie dem kirchlichen Pädagogisch-Theologischen Institut/PTI) für den Gebrauch an Schulen in Deutschland zu adaptieren. Im März 1995 konnten die Unterrichtsmaterialien für die Altersgruppe der neun- bis dreizehnjährigen Kinder und Jugendlichen (Klassen 4 bis 6 aller Schularten) vorgelegt werden, die nun prinzipiell allen Schulen in Deutschland zur Verfügung stehen.

Der Name des Projekts *Das sind wir* ist programmatisch: Wir alle, alle Kinder einer Altersgruppe, die hier wohnen und leben, gehören zur WIR-Gruppe, gehören dazu, haben prinzipiell gleiche Rechte und verdienen gleichzeitig Respekt vor unserer jeweiligen Einmaligkeit. Erste Initiativen zu diesem neuen Ansatz gingen in den achtziger Jahren von einer Gruppe schwarzer Eltern in London aus, die bestürzt waren darüber, daß ihre Kinder sich niemals mit den Inhalten und Hauptfiguren in den gewöhnlichen britischen Schulbüchern identifizieren konnten – sie kamen ganz einfach nicht vor.

Das Afro Caribbean Education Resource Center/ACER veröffentlichte wenig später ein Lesebuch mit dem Titel *Ourselves*, in dem alltägliche Geschichten der eigenen Kinder erzählt wurden. Diese Idee wurde von niederländischen Pädagoginnen und

Pädagogen (unter anderem aus dem Anne Frank Haus in Amsterdam) aufgegriffen und 1990 als ausführliches Unterrichtsmaterial einschließlich eines Handbuchs für LehrerInnen und eines Videofilms veröffentlicht. Ein zusätzlicher Impuls für das niederländische Engagement war eine landesweite Schulgesetzänderung im Jahre 1989, die darin bestand, daß in einem neuen Artikel 8 die veränderte »multikulturelle Schulwirklichkeit« anerkannt wurde und Schulen angeregt wurden, sich diesbezüglich stärker zu engagieren.

Die deutsche Fassung *Das sind wir* besteht ebenfalls aus einem Lesebuch für die Kinder und Jugendlichen, einem Handbuch für Lehrerinnen und Lehrer und einem Videofilm, der vor allem für die aufklärende Arbeit mit Eltern sowie anderen Kolleginnen und Kollegen gedacht ist. In dem Lesebuch erzählen sechs reale Kinder von wichtigen Erlebnissen aus ihrem Alltag. Sie kommen dabei selbst zu Wort und sind in Fotos sichtbar. Ihr Hintergrund ist verschieden: Olivias Eltern kommen aus Ghana, Stephan ist mit seiner Familie innerhalb Deutschlands von einer Großstadt in ein Dorf umgezogen, Gülcihans Eltern kommen aus der Türkei, Irfan ist erst vor wenigen Monaten aus Kurdistan als unbegleiteter jugendlicher Flüchtling eingereist, das Roma-Mädchen Sadber und ihre Familie stammen aus Mazedonien, Filipp, ein jüdischer Junge, ist vor gut einem Jahr mit seiner Familie aus Rußland gekommen. Alle Kinder sind zwischen zehn und zwölf Jahre alt, drei Jungen und drei Mädchen, die heute in Deutschland leben. Sie repräsentieren jede/r für sich keine Gruppe, insgesamt spiegeln sie vielmehr die tatsächlich bestehende Vielfalt wieder.
Im Handbuch für Lehrerinnen und Lehrer wird zu den einzelnen Geschichten in jeweils vier ausführlichen Unterrichtsanregungen (»Bausteine«) beschrieben, auf welche methodische und didaktische Weise mit der eigenen Klasse oder Gruppe interkulturell gelernt werden kann. Dies kann sowohl im tradi-

tionellen Fachunterricht (z. B. Deutsch, Sozialkunde, Religion, Geographie, Darstellendes Spiel, Kunst, Sport u. a.), im Projektunterricht, an einem Projekttag oder in einer Projektwoche sowie in der außerschulischen Kinder- und Jugendarbeit geschehen. Im Zentrum stehen jeweils erfahrungsorientierte Ansätze, die besonderen Wert auf eine sichere Atmosphäre als Bedingung für eine gute Kommunikation legen.

In dem dreißigminütigen Videofilm wird dann ein Eindruck von der konkreten pädagogischen Arbeit vermittelt: Ein Filmteam begleitet eine sechste Schulklasse in Berlin-Wedding im Unterricht bei der Beschäftigung mit den Geschichten von Olivia und Irfan. Zu Wort kommen die Schülerinnen und Schüler sowie die Klassenlehrerin und ein Fachlehrer. Schülerinnen und Schüler, die bislang als besonders schwierig galten, zeigen in dem Film, wie sie mehrsprachige Gedichte verfassen, im Sportunterricht Körper-Pyramiden bauen oder im Rollenspiel Lösungen für Olivia oder Irfan finden, mit denen sie sich leicht identifizieren können.

Über die Bedeutung einer sicheren Atmosphäre in der Klasse ist im Handbuch zu lesen[60]: »Wo Menschen sich sicher fühlen, können sie sich öffnen und entwickeln, freuen sich über eigene Leistungen und nehmen teil am Leben der anderen. Eine sichere Atmosphäre zu schaffen, ist für Lehrerinnen und Lehrer wie für die Kinder von fundamentaler Bedeutung.

Studien über Gewalt und Fremdenfeindlichkeit bei Kindern und Jugendlichen haben in den letzten Jahren nachhaltig den Zusammenhang zwischen Sich-selbst-fremd-sein und der Ablehnung all dessen, was äußerlich fremd erscheint, aufgezeigt.

Zum Schaffen einer sicheren Atmosphäre gehört die Bereitschaft des Lehrers/der Lehrerin in der Klasse, Inhalte und Methoden so auszuwählen und einzusetzen,

– daß alle Kinder sich darin wiedererkennen können,
– daß alle Kinder Informationen über die anwesende Vielfalt in

der Klasse und die multikulturelle Vielfalt in Deutschland erhalten und
- daß alle Kinder sich untereinander gleichberechtigt fühlen können.

Für die Kinder einer Klasse bedeutet dies im einzelnen:
- Sich gegenseitig als Individuen wahrnehmen, jedoch auch als Mitglieder unterschiedlicher Gruppen.
- Positiv umgehen können mit verschiedenen Erfahrungshintergründen von Mitschülerinnen und Mitschülern innerhalb und außerhalb der Klasse.
- Mehrsprachigkeit und weltanschauliche Vielfalt achten und anerkennen.
- Ein Zurückweisen von Vorurteilen und stereotypen Denkweisen und daraus resultierender Diskriminierung.
- Eigene Erfahrungen in Sprache ausdrücken können und so Vertrauen in die eigene Ausdrucksfähigkeit bekommen.«

Wie kann das konkret aussehen? Die Geschichten der sechs »Lesebuch-Kinder« stellen Impulse dar, über sich selbst zu reden, sich mitzuteilen, bislang unbekannte Seiten einzubringen und einander zu zeigen. Deshalb geht es in den thematischen Bausteinen, zu deren Behandlung im Unterricht angeregt wird, immer um Themen, zu denen sich prinzipiell alle Kinder äußern können. Ethnisch oder kulturell einseitig zugeschnittene – das heißt, einige einschließende und andere ausgrenzende – Themen werden eher vermieden. Selbst die in manchen Ansätzen interkulturellen Lernens verbreitete Idee der »Verständigung über Kennenlernen der ethnischen Eigenheiten« (zum Beispiel *der* Türken oder *der* Italiener) wird von den Autorinnen und Autoren des *Das-sind-wir*-Projekts eher kritisch eingeschätzt. Zu schnell werden doch wieder nur vorherrschende Klischees bestätigt oder einzelne Kinder erhalten erneut die Rolle des »anderen«: »Sag mal, Aysche, wie ist das denn bei euch in der Türkei?« Vielleicht ist Aysche ja in

Deutschland geboren und möchte viel lieber etwas über die von ihr bevorzugte RAP-Musik erzählen?
Gemeinsame Themen der Altersgruppe der Neun- bis Dreizehnjährigen können zum Beispiel sein: Wie verbringe ich meine Freizeit? Was ist Verliebtsein? Wie ziehe ich mich gern an? Wie ist es, als Neue oder Neuer in eine Klasse zu kommen? Was bedeutet meine Familie für mich? Was ist für mich ein guter Freund oder eine gute Freundin?

In der Geschichte von Olivia geht es vor allem um die Themen Freizeit und Verliebtsein. Aber zuerst eine Leseprobe vom Anfang ihrer Geschichte[62]:
»›Hast du schon gehört? Heute nachmittag beim Handballtraining gibt es eine Überraschung!‹, flüstert mir meine Freundin Svenja in der letzten Schulstunde zu.
›Ist ja toll – aber was ist es denn?‹ frage ich ebenso leise zurück. Svenja zuckt mit den Achseln. Bevor sie weitersprechen kann,

Olivia aus dem Lesebuch »Das sind wir«

beginnt unsere Klassenlehrerin, die Hausaufgaben zu diktieren. Wenig später am Schultor reden wir weiter. Aber mehr als Vermutungen haben wir nicht. Wenn Herr Winkler, unser Trainer, erzählt hat, daß es heute eine Überraschung geben wird, dann muß da was dran sein.
›Bis nachher um drei, okay?‹ ruft mir Svenja noch zu, bevor sie mit ihrem Fahrrad um die Ecke verschwindet.
Auf dem Weg zum Bus halte ich Ausschau nach meiner älteren Schwester Carolin, die heute auch um diese Zeit Schluß hat. Ach, da hinten bei den Bäumen ist sie ja!
Neben ihr steht ein Junge. Wer das wohl ist? Wenn ich am Zaun entlanggehe, können die beiden mich nicht sehen. Jetzt kann ich Carolin ganz genau erkennen. Sie benimmt sich so komisch. Ganz anders als sonst. Dauernd streicht sie sich mit einer Hand durch die Haare. Das macht sie sonst nie. Und sie lacht auch so künstlich, finde ich.
Jetzt kommen einige aus Carolins Klasse und stellen sich zu den beiden. Der Junge sagt noch kurz etwas. Dann geht er. Ich muß schnell zu Carolin und sie fragen, was los war.
›Hallo, Olivia!‹ sagt sie überrascht.
Ich stelle mich dicht neben sie: ›Mi ni dji nöni oké gbeké bii lé jwé?‹ Carolin schaut zu Boden: ›Ö, djee noko ni he hia!‹
Wenn sie das so sagt, weiß ich genau, daß ich sie in Ruhe lassen muß. Aber nun bin ich erst recht neugierig. Ich werde versuchen, es später herauszubekommen. Jedenfalls ist es manchmal toll, sich in einer Sprache unterhalten zu können, die sonst keiner oder zumindest fast keiner versteht. Beinahe wie eine Geheimsprache…«

Worum geht es nun in den »Bausteinen«, den thematischen Anregungen für den Unterricht zu Olivias Geschichte? Auszüge aus dem Handbuch für Lehrerinnen und Lehrer, in dem die einzelnen Bausteine nachfolgend mit vielfältigen methodischen Anregungen ausgeführt sind[60]:

»Baustein 1: Olivia kennenlernen
Olivia erlebt verschiedene Situationen mit den dazugehörigen Gefühlen: Sie beobachtet, wie ihre Schwester sich ›komisch‹ benimmt, als sie sich mit einem anderen Jungen unterhält; sie hat Angst, daß sie nicht zum internationalen Handball-Turnier darf; sie fühlt sich nicht wohl, als sie von einem Verkäufer beobachtet wird; sie nimmt an einem Wettbewerb um ein neues Zeichen für den Sportverein teil; sie wartet schließlich auf einen guten Moment, um ihre Eltern um Erlaubnis für die Handball-Reise zu bitten. Viele Kinder werden sich in solchen Situationen wiedererkennen. In diesem Baustein gestalten die Kinder Ideen zum weiteren Verlauf der Geschichte, wobei eigene Erfahrungen mit ähnlichen Situationen zum Thema werden.

Baustein 2: Freizeit
Olivia hat ein aktives außerschulisches Leben: Sie spielt Handball und zeichnet gern. Auch Einkaufen mit Freundinnen und Reisen gefallen ihr. In diesem Baustein denken Kinder über die Gestaltung ihrer Freizeit nach: Was tue ich lieber allein, was in einer Gruppe oder einem Verein, was am liebsten mit Freundinnen oder Freunden? Gleichzeitig erfahren sie mehr über Freizeitaktivitäten ihrer Mitschülerinnen und Mitschüler.

Baustein 3: Verliebtsein
Verliebtsein ist ein sensibles Thema, jedoch gleichzeitig auch sehr spannend – für Erwachsene wie Kinder gleichermaßen. In Olivias Geschichte kommt dieses Thema zunächst indirekt zur Sprache – Olivias Schwester benimmt sich einem bestimmten Jungen gegenüber ungewohnt. Ist das schon Verliebtsein? In diesem Baustein können die Kinder wählen, ob sie sich direkt oder indirekt äußern – der jeweilige familiäre, ethnische und individuelle Hintergrund wird respektiert, ohne das Thema zu tabuisieren.

Baustein 4: Geheimsprachen
Viele Kinder haben Geheimnisse, die sie nur ihren besten Freundinnen und Freunden erzählen. Solche Geheimnisse werden manchmal in einer Geheimsprache übermittelt, die nur von Eingeweihten verstanden werden kann. Für Olivia ist die Muttersprache ihrer Eltern Ga manchmal eine Geheimsprache. Für die einen kann es toll sein, so eine Geheimsprache zu haben – bei den anderen kann es mißtrauische Gefühle erwecken, wenn sie sich ausgeschlossen fühlen. In diesem Baustein erfahren Kinder Vor- und Nachteile beim Gebrauch einer Geheimsprache.«

Im *Das-sind-wir*-Projekt wird nicht zuerst Rassismus thematisiert, sondern eine Idee davon, wie es anders gehen könnte – ohne Schönfärberei und sicher, ohne schwierigen und problematischen Diskussionen aus dem Wege zu gehen, wenn sie von den Kindern oder Jugendlichen eingebracht werden. »Über« Menschen mit nicht-weißer Hautfarbe wird ganz überwiegend

Olivia und ihre Freundin Svenja

in problematisierenden Zusammenhängen gesprochen – im *Das-sind-wir*-Projekt geht es demgegenüber darum, unterschiedliche Kinder selbst zu Wort kommen zu lassen mit den Themen, die ihnen wichtig sind. Es ist dieses Stück Selbstverständlichkeit in der gegenseitigen Wahrnehmung, zu dem das Projekt anregen möchte.

»Hector Petersen ist einer von uns«

Eine Schule verändert sich

In einer selbstgedruckten Zeitung der 2. Gesamtschule in Berlin-Kreuzberg ist in Schülerschrift zu lesen:

»Hector Peterson, geboren: 19. August 1963
gestorben: 16. Juni 1976.

Hector war ein ganz normaler schwarzer Junge, der gerne Fußball spielte und schwimmen ging. Er war nicht interessierter an Politik als andere Schüler in seinem Alter auch.
Am 16. Juni 1976 ging er gemeinsam mit anderen Schülerinnen und Schülern zu einer großen Demonstration in Soweto. Sie wollten gegen die Einführung von Afrikaans (Sprache der Weißen) als Schulsprache protestieren. Ihre eigene Sprache war in der Schule verboten.
Die Schülerinnen und Schüler demonstrierten friedlich, doch die weiße Regierung setzte Polizei gegen sie ein. Hector wurde als erster erschossen ohne jeden Grund. Ein Foto des ermordeten Hector ging um die Welt, und von da an hörten die Proteste ... gar nicht mehr auf.«

Wie kommt eine Oberschule, gelegen in einem der sozialen Brennpunkte Berlins, dazu, sich intensiv mit der Geschichte des politischen Kampfes schwarzer Kinder und Jugendlicher in Südafrika auseinanderzusetzen? Und welche Konsequenzen hat diese Auseinandersetzung für ihren Alltag?[63]
Die 2. Gesamtschule in Berlin-Kreuzberg hatte zunächst zehn Jahre keinen eigenen Schulnamen. Wohl aber hatte sich ein

engagiertes Lehrerkollegium bereits länger um ein interkulturelles Profil bemüht, das der Zusammensetzung ihrer Schülerschaft besser als traditioneller Unterricht gerecht zu werden versuchte: Mehr als fünfzig Prozent der insgesamt etwa 480 Schülerinnen und Schüler sind nicht-deutscher Herkunft.

Hatten sich bis dahin immer wieder auch einzelne Lehrerinnen und Lehrer, Schülerinnen und Schüler oder Eltern um Verbesserungen für einzelne Klassen bemüht, so ging es nun darum, an einem Konzept für eine insgesamt interkulturelle Schule zu arbeiten. Einige Merkmale des in mehreren Jahren entwickelten Konzepts für einen Lernort, an dem Vielfalt positiv erfahren werden kann, wurden zum Beispiel:

- Klassenräume, die von den jeweiligen Lerngruppen selbst gestaltet werden können,
- kleine Klassen und wenig Lehrerwechsel,
- viel Projektunterricht und regelmäßige Klassenfahrten,
- Integrationsklassen mit behinderten Schülerinnen und Schülern,
- Türkisch-Unterricht,
- bis Klasse 8 keine Notenzeugnisse, sondern »Lernentwicklungsberichte«,
- viele Arbeitsgemeinschaften am Nachmittag sowie eine selbstorganisierte Cafeteria.

Über zehn Jahre lang trug die Schule nur ihren amtlichen Namen, bis Ende der achtziger Jahre eine Initiative gestartet wurde, um im Rahmen von Projektwochen über einen passenden Namen nachzudenken. Das Lehrerkollegium präsentierte den Schülerinnen und Schülern vier Vorschläge: die Namen der Physikerin Frieda Wüsthoff, des Reporters Egon Erwin Kisch, des Antifaschisten Erwin Beck und des ermordeten schwarzen Schülers Hector Peterson.

Drei Tage lang beschäftigten sich die Schülerinnen und Schüler in Projekten mit den vorgeschlagenen Personen. Dann erst wurde demokratisch abgestimmt. Die deutliche Mehrzahl entschied sich für den Jungen Hector Peterson. Als Begründungen wurden genannt: »Weil er in meinem Alter war...«, »Hector ist einer von uns...«, »Er soll nicht vergessen werden...«, »Ich will zeigen, daß wir an die Kinder und Jugendlichen in Südafrika denken, die sollen nicht das Gefühl haben, daß uns das nicht interessiert...«

Besonders die türkischen Schülerinnen und Schüler konnten sich sehr gut mit dem Anlaß der Schülerdemonstration vom Juni 1976 in Soweto identifizieren. »Auch wir bekommen oft zu spüren, daß Türkisch eine minderwertige Sprache ist. Dabei ist das oft die Sprache unserer Eltern, und es tut weh, wenn die schlecht gemacht werden«, sagt ein türkischer Junge, der nicht viel älter als Hector sein kann.

Nachdem die Namensentscheidung gefallen war, bereitete sich die gesamte Schule mehrere Wochen lang auf eine große Feier vor. Eine Arbeitsgruppe entwarf Flugblätter, um die Anwohner im Stadtteil über die geplante Namensgebung zu informieren. Eine andere nahm Kontakt auf zu der Berliner Musikband Isweletu, in der Süd- und Westafrikaner mitspielen. Die afrikanischen Musikerinnen und Musiker erklärten sich bereit, zusammen mit dem Schulchor südafrikanische Lieder einzustudieren.

Eine weitere Gruppe gestaltete im Kunstunterricht eine Fotoausstellung zum Thema »Apartheid No!«

Am spannendsten war eine Zeitlang die Frage, ob es gelingen würde, Kontakt zu Familienangehörigen von Hector in Soweto zu bekommen, um sie zur Namensfeier einzuladen. Schließlich kannte die Begeisterung kaum Grenzen, als Hectors Mutter, eine Schwester sowie ein Freund von ihm sich bereit erklärten, zur Feier am 20. Dezember 1989 nach Berlin zu kommen. Eine Lehrerin berichtet, wie an jenem Tag ein paar hundert Schüler, Lehrer und Eltern in der Schulaula auf die drei Gäste aus Südafrika warteten.

»Es sprach sich schnell unter den Schülern herum, daß die Gäste nun da sind. Die Schüler drehten sich alle mit Blick zur Aulatür und fingen an zu klatschen, als die Gäste den Raum betraten. Die Schwester von Hector ging auf die Bühne und stand mit gestrecktem Arm und geballter Faust und rief ›Amantla!‹, das bedeutet ›Freiheit‹. Und die Schüler standen da, johlten, klatschten, pfiffen – so drückten sie ihre Freude aus. Das war eine wahnsinnige Situation.
Danach sprachen alle drei ganz kurz zu den Schülern über Mikrophon und wurden heftig beklatscht. Die Schwester von Hector hatte Tränen in den Augen, als sie noch einmal vom Hergang 1976 berichtete. Und ging aber von der Bühne und vom Mikrophon weg mit einer Tanzbewegung, was soviel hieß wie ›Nun fangt doch hier mal an, zeigt doch mal, wie ihr tanzen könnt!‹ «[64]
Hectors Mutter sagte: »Die Einladung empfand ich als Überraschung, als Schock, weil ich nicht geglaubt hätte, daß überall auf der Welt Menschen von Hector und vom 16. Juni 1976 wissen. Es macht mich stolz und glücklich, daß die Kinder an die-

Hector Petersons Mutter und Schwester sprechen zu den Berliner Schülerinnen und Schülern

ser Schule in Zukunft über Hector Peterson und über die Bewegung Bescheid wissen.«[64]

Auch die Berliner Schulsenatorin Sybille Volkholz teilte in einem Grußwort mit, daß sie der Entscheidung der Schülerinnen und Schüler für den Namen Hector Petersons Respekt zollt:

»Es hat Stimmen gegeben, die darauf hinweisen, daß hier zum ersten Mal eine Schule bei der Namenswahl etwas Ungewöhnliches vollzieht; in der Regel wird sonst eine bereits bekannte Persönlichkeit gewählt, mit deren Namen die Schule identifiziert werden soll. Hier ist der Namensgeber zumindest bei uns weitgehend unbekannt; ihn aus der Anonymität herauszuheben, soll zum Nachdenken über die Ereignisse selbst, die zum Tod dieses Jungen geführt haben, und darüber, wie es zu solchen Ereignissen kommen konnte – nämlich die Grausamkeit des Apartheid-Regimes – führen. Sie soll tiefe Sympathie mit den Verfolgten in Süd-Afrika ausdrücken und die Solidarität mit ihnen.

Gleichzeitig müssen wir uns allerdings fragen, ob wir eigentlich das Recht haben, mit dem Finger auf Süd-Afrika zu deuten und zu meinen, daß derartiges nur dort passieren könnte. Gustav Heinemann hat einmal gesagt, daß drei Finger einer Hand, die auf einen anderen zeigt, immer auf einen selbst zurückweisen. Es ist noch nicht so lange her, daß in unserem eigenen Land und in anderen Ländern, die von den Deutschen besetzt waren, Kinder in Konzentrationslager getrieben und dort umgebracht wurden, nur weil sie angeblich einer anderen Rasse angehörten. Haben wir nicht in jüngster Zeit erst viele Anzeichen der Ausländerfeindlichkeit in dieser Stadt erkennen müssen, das Verprügeln türkischer Jugendlicher, das Geschrei derer, die alle Ausländer aus dieser Stadt verbannen wollen? Auch wenn sich viele frei von solcher Gesinnung fühlen, ist das Spektrum der Diskriminierung breit ... Diese Überlegungen werden angesichts der Namensgebung für die 2. Oberschule Kreuzberg angeregt, und dies ist wohl auch Eure und Ihre Absicht gewesen.«[65]

Sechs Jahre später berichtet der Schulleiter Dietmar Pagel: »Natürlich dreht sich nicht dauernd alles um Hector Peterson in unserem Alltag. Aber so war es auch nie gemeint. Die Mutter von Hector hat damals zu uns gesagt: ›Macht keinen Helden aus ihm. Der war so wie ihr. Am liebsten hat er Comics gelesen...‹ Was fraglos gelungen ist, ist, daß unsere Schülerinnen und Schüler dafür sorgen, daß jede neue Generation über den Jungen und sein Leben und Sterben informiert wird und daß – wir haben dies deutlich gemerkt während des politischen Umschwungs in Süd-Afrika, als Nelson Mandela zum Präsidenten wurde – viele mit ganz anderer Betroffenheit und einem tieferen Verständnis verfolgen, was sich dort und in anderen Ländern Afrikas abspielt. Zur Zeit besuchen zwölf Schüler mit einer dunklen Hautfarbe unsere Schule. Ich würde mich freuen, wenn sie sich hier ein wenig mehr zu Hause fühlen können. Gleichwohl sollen sie sich in keiner Weise irgendwie herausgehoben fühlen. Das ist, glaube ich, auch nicht so.
Wir hatten in jüngster Vergangenheit ganz andere Probleme: Die türkische rassistische Organisation ›Graue Wölfe‹ hat versucht, massiv Anhänger gerade unter den türkischen Jungen unserer Schule zu werben. Gerade die männlichen Jugendlichen, die sonst wenig Anerkennung außerhalb der Schule bekommen, sind natürlich anfällig für solche Agitation. Dadurch, daß unsere Schule den Namen Hector Petersons trägt, demonstrieren wir als pädagogische Institution zumindest eine deutliche Position: Wir verurteilen jede Form von Rassismus, und darüber gibt es dann auch Diskussionen, was dies im vielfältigen Alltag bedeutet. Ich diskutiere vor diesem Hintergrund auch mit den türkischen Jugendlichen, die die ›Grauen Wölfe‹ toll finden. Da muß dann am Ende nicht eine Meinung stehen.

Aber es sollte schon die Erfahrung spürbar sein: Meinen Paukern ist nicht egal, wie Menschen miteinander umgehen – sie und viele Schüler und Eltern haben viel darüber nachgedacht, und sie machen den Mund auf und schauen nicht weg. Das ist Hector Peterson im Alltag für uns…«[63]

»Alle Schulen ohne Rassismus!«

Europaweite Initiative zur Zivilcourage

Im Jahr 1985 fanden sich im niederländischen Den Haag Eltern, Lehrerinnen und Lehrer, Schülerinnen und Schüler, Studentinnen und Studenten, Psychologen, Behördenvertreter, Sozialarbeiter und einige Politiker zusammen, um darüber nachzudenken, in welcher Weise in pädagogischen Institutionen mehr Aufmerksamkeit dem Engagement gegen alltäglichen Rassismus gewidmet werden könnte. Zwar gibt es seit langem in den Niederlanden ein sogenanntes Anti-Diskriminierungsgesetz, welches jeder bzw. jedem, die oder der sich diskriminiert fühlt, das Recht zusichert, daß ihre bzw. seine Beschwerde im öffentlichen Interesse verfolgt wird. In den Schulen, so fanden viele, ließen jedoch konkrete Umsetzungen dieses Rechts häufig noch zu wünschen übrig[66].

Drei Ziele wollte die Gruppe verwirklichen. Jeder am Leben einer Schule beteiligte Mensch

- soll sich beschützt fühlen können vor jeglicher Form von Diskriminierung,
- soll bisherige Umgangsformen diesbezüglich überprüfen und verändern und
- soll so einen persönlichen Beitrag auf dem Weg zu einer vielfältigen Schule als Teil einer multikulturellen Gesellschaft leisten.

In einer Bestandsaufnahme formulierte die Arbeitsgruppe, wie auffallend es ist, »daß die Zahl der Menschen, die unter Diskriminierung zu leiden haben, so deutlich größer ist als die Gruppe derer, die zugegeben, daß sie selbst diskriminieren.« Man ging auf die Suche nach Merkmalen im Zusammenleben,

die für alle am Schulleben Beteiligten positive Konsequenzen mit sich bringen würden. Es wurde versucht, den Artikel 1 der niederländischen Verfassung für das Schulleben zu übersetzen. Dieser Artikel 1 lautet wörtlich: »Alle, die in den Niederlanden leben, müssen in gleichen Situationen gleich behandelt werden. Diskriminierung wegen Religion, Weltanschauung, politischer Überzeugung, Rasse, Geschlecht oder aus welchem Grund auch immer, kann nicht zugelassen werden.«
Das geplante »Übersetzen« sollte kein einmaliger Akt sein, sondern ein Prozeß, während dessen die Idee eines multikulturellen Zusammenlebens immer wieder in konkreten Beispielen aufgegriffen wird. Als Ausgangspunkt formulierte die Gruppe, daß die Schulbehörde in Den Haag anerkennen müsse, daß

- Den Haag eine multi-ethnische und multi-kulturelle Stadt ist und
- Diskriminierung trotz vieler anderslautender Bekundungen in Schulen täglich vorkommt.

Im März 1992 legte die Arbeitsgruppe schließlich einen sechzehn Abschnitte umfassenden Anti-Diskriminierungsartikel für alle Schulen der Stadt Den Haag vor, der sowohl die je eigenen Verantwortlichkeiten von Schülerinnen und Schülern, Eltern und Lehrkräften anspricht, als auch Empfehlungen für Unterrichtsziele und allgemeine Verhaltensformen in der Schule gibt. Ein eigener Abschnitt ist dem Recht auf Beschwerde gewidmet, die jede bzw. jeder am Schulleben Beteiligte in Anspruch nehmen kann. Einmal jährlich soll die Schulkonferenz darüber beraten, inwieweit der Artikel das Schulklima verändert hat und wo noch weitere Veränderungen vorgenommen werden können.
Im ersten Abschnitt wird Artikel 1 der niederländischen Verfassung für die Schulen in Den Haag wie folgt »übersetzt«:
»Unter Diskriminierung wird hier verstanden: Jede Handlung oder Haltung, die zur Folge hat, daß Menschen benachteiligt werden auf Grund

– ihrer ethnischen Herkunft,
– ihres Glaubens,
– ihrer Weltanschauung,
– ihres Geschlechts,
– ihrer sexuellen Orientierung,
– ihres kulturellen Hintergrunds,
– ihrer sozial-ökonomischen Umgebung oder
– ihrer körperlichen Erscheinung.«

An anderer Stelle wird weiter ausgeführt: »Diskriminierung kann beabsichtigt oder unbeabsichtigt, bewußt oder unbewußt geschehen. Sie kann eine gleiche Behandlung in einer ungleichen Situation sein oder eine ungleiche Behandlung in einer gleichen Situation.«

Es waren vor allem die Diskussionen über diese und ähnlich einfache Formulierungen, die neue Impulse im Schulalltag zustande brachten. Eine Initiatorin sagt dazu: »Bewußt zu machen für alltäglichen Rassismus und alltägliche Diskriminierung ist ein möglicher erster Schritt, um in konkreten Situationen eine Orientierung zu haben und den Mund aufzumachen. Ich halte es für prinzipiell wichtig, daß eine Schulgemeinschaft für sich anerkennt, daß es Werte gibt, für die es sich einzusetzen lohnt.«

Parallel zu der Initiative in Den Haag entstand 1988 im belgischen Antwerpen – unter anderem auch als Reaktion auf die Wahlerfolge der rechtsextremen Partei Vlaams Blok – zuerst unter Schülerinnen und Schülern eine ähnliche Idee: Sie wollten, daß eine Schulengemeinschaft nicht nur intern für sich entscheidet, eine »Schule ohne Rassismus« zu werden, sondern auch damit sichtbar als Teil des öffentlichen Lebens in Erscheinung tritt. In den vergangenen Jahren haben sich auf diese Anregung hin insgesamt 180 000 belgische Schülerinnen und Schüler dafür eingesetzt, daß ihre jeweiligen Schulen mitmachen.

alle anders
alle gleich

Zuerst mußte in allen Klassen darüber eine Diskussion begonnen werden: Was ist Rassismus? Wer von uns hat Erfahrungen mit Rassismus innerhalb oder außerhalb unserer Schule gesammelt? Wollen wir eine »Schule ohne Rassismus« werden? Wie wollen wir in Zukunft die Idee einer nicht-diskriminierenden Schule verwirklichen?
Erst wenn in einer demokratischen Abstimmung die deutliche Mehrheit von Schülerinnen und Schülern, Eltern und Lehrkräften sich zum Ziel einer »Schule ohne Rassismus« bekannt hat, wird von einer zentralen Koordinationsstelle ein großes Schild verliehen, das in einer öffentlichen Aktion am Eingang der Schule angebracht werden kann. Das Schild soll mahnen, zu regelmäßig wiederkehrenden Terminen, aber auch spontan bei entsprechenden Ereignissen, Rassismus zu thematisieren und positive Aktionen vorzustellen.
Mitte der neunziger Jahre wurde vor diesem Hintergrund eine europäische Jugendkampagne unter dem Motto »all different – all equal« (alle anders – alle gleich) gestartet und die Initiative »Schule ohne Rassismus« zuerst in den Niederlanden übernommen und dann auch nach Deutschland, Österreich, Frankreich und England getragen.
In Deutschland wird die Initiative »Schule ohne Rassismus« koordiniert von der Aktion Courage – SOS Rassismus in Bonn

(Anschrift im Anhang). Bundeskoordinator ist Ralf-Erik Posselt, unter anderem bekannt geworden durch das von ihm und Klaus Schumacher herausgegebene *Projekthandbuch: Gewalt und Rassismus.*[67] Bei der Aktion Courage – SOS Rassismus können außerdem nähere Informationen, Flugblätter sowie ein Handbuch »Schule ohne Rassismus« bestellt werden.
Zwei Bedingungen für die Initiative »Schule ohne Rassismus« in Deutschland wurden formuliert:

1. Erst wenn mindestens siebzig Prozent aller Schülerinnen und Schüler, aller Lehrerinnen und Lehrer und sonstigen Mitarbeiter einer Schule den von der Initiative entwickelten Regeln für eine »Schule ohne Rassismus« in einer demokratischen Wahl zugestimmt haben, kann es losgehen.
2. Es müssen Ideen entwickelt werden, um nicht nur ein- oder zweimal besondere Aktionen gegen Rassismus zu veranstalten, sondern auch den alltäglichen Rassismus im Unterricht sowie in Schulbüchern und anderen Medien zu thematisieren.

Wichtig ist den Initiatoren außerdem, daß das Projekt »Schule ohne Rassismus« in erster Linie von den Jugendlichen selbst getragen und weiterentwickelt wird, während sich die Erwachsenen eher als Berater verstehen.
Die erste in Deutschland mit dem Prädikat »Schule ohne Rassismus« ausgezeichnete Institution ist das Immanuel-Kant-Gymnasium in Dortmund-Asseln. 92 Prozent aller Schülerinnen, Schüler, Lehrerinnen und Lehrer stimmten Ende Juni 1995 einer »antirassistischen Schulordnung« zu.[68] Auch an diesem Gymnasium ging die Anregung mitzumachen zuerst von den Jugendlichen aus. Gewachsen ist die Idee vor dem Hintergrund einer bereits bestehenden Betreuung von Aussiedlerkindern an einer benachbarten Grundschule durch Gymnasiasten. Als nächstes haben sich die Schülerinnen und Schüler gemeinsam mit ihren Deutsch-, Musik- und Kunstlehrerinnen und -lehrern

ein Projekt über während der NS-Zeit verbotene Künstlerinnen und Künstler vorgenommen. Um nicht in Gewohnheit zu erstarren, ist verabredet, die Abstimmung über das Engagement für eine »Schule ohne Rassismus« einmal pro Schuljahr zu wiederholen.

Statt eines Nachworts

Haut an Haut

Sich nicht wohlfühlen in der eigenen Haut.
Kein Zuhause.
Kränkungen fühlen und zufügen.

Die eigene Haut retten.
Kein Interesse an anderen.
Nur an sich denken und wegschauen.

Aus der Haut fahren.
Keine Hoffnung auf Liebe mehr.
Zuschlagen und erniedrigen.

Anschauen.
Berühren.
Liebkosen.

Bis die eigene Haut zum Zuhause wird.
Bis freundliche Neugier auf andere Haut entsteht
Bis endlich der Mut zu wilder Zärtlichkeit erwacht.

Lutz van Dijk

Anmerkungen

1 Hilberg, Raul: Perpetrators, Victims, Bystanders, The Jewish Catastrophe 1933–1945, New York 1992, S. XI (Zitat aus dem Amerikanischen übersetzt). Die deutsche Ausgabe erschien unter dem Titel: Täter, Opfer, Zuschauer. Die Vernichtung der Juden 1933–1945. Frankfurt/M. 1992.
2 Giordano, Ralph: Der Widerstand und seine Widersacher. Die Ursachen des Verlustes an humaner Orientierung; in: Bundeszentrale für politische Bildung (Hg.): Widerstand und Exil 1933–1945. Bonn 1985.
3 Kriechhammer-Yağmur, Sabine: Binationale Paare und Familien; in: Schmalz-Jacobsen, Cornelia/Hansen, Georg (Hg.): Ethnische Minderheiten in der Bundesrepublik Deutschland – ein Lexikon, München 1995, S. 93.
4 Daten zitiert nach: Kriechhammer-Yağmur, Sabine: Binationale Paare und Familien; in: Schmalz-Jacobsen, Cornelia/Hansen, Georg (Hg.): Ethnische Minderheiten in der Bundesrepublik Deutschland – ein Lexikon. München 1995, S. 93.
5 Alle Aussagen von Nunu H. zitiert nach dem Film: Tadesse, warum? Buch und Regie: Christian Baudissin, Produktion: SWF 1994 (in Coproduktion mit dem BR). Erstausstrahlung im SWF III am 15. 11. 1994.
6 Zitiert nach: Söhl, Irmhild: Tadesse, warum? Das kurze Leben eines äthiopischen Kindes in einem deutschen Dorf. Freiburg/Basel/Wien 1991, S. 111. Vgl. auch: Söhl, Irmhild: Fremdenliebe – Made in Germany?; in: Aziz, Namo (Hg.): Fremd in einem kalten Land – Ausländer in Deutschland. Freiburg/Basel/Wien 1992, S. 76–91.
7 Söhl 1991, S. 20–21.
8 Tadesses Brief erschien Jahre nach seinem Tod noch einmal in der Wochenzeitung Die Zeit vom 12. 5. 1989.
9 Söhl 1991, S. 157.
10 Brief von Irmhild Söhl vom 8. 9. 1994.
11 Aus: (Schwäbisch-)Haller Tageblatt vom 22. 10. 1994.
12 Brief von Irmhild Söhl vom 8. 8. 1995.
13 Riepe, Regina und Gerd: Du schwarz – ich weiß. Bilder und Texte gegen den alltäglichen Rassismus. Wuppertal 1992, S. 55–57.
14 Alle Aussagen von Joana B. stammen aus Interviews, die der Verfasser im Sommer 1995 in Amsterdam führte. Auf Wunsch Joanas sind nähere Angaben zu ihrer Person anonymisiert.
15 4 Reeves: CD Jambo, auf Ariola/München 1994, Vertrieb über: Chlodwig Musik GmbH, Luxemburger Str. 42, 50 674 Köln.
16 Schramm, Hilde: Vorwort; in: Interkulturelle Erziehung – Teil 4; Ein Schwarzafrikaner in brandenburgischen Schulen. Ludwigsfelde 1993, S. 6.
17 Gaserow, Vera: Keine Angst vorm schwarzen Mann; in: Die Zeit vom 16. 4. 1993, S. 54–56.
18 Muyemba, Jean-Jérôme Chico-Kaleu: Ein Schwarzafrikaner in brandenburgischen Schulen – Eindrücke und Anregungen, Ludwigfelde 1993. Alle im Text folgenden Zitate sind dieser Publikation in folgender Reihenfolge entnommen: S. 14, 18–19, 19–20, 16. Vgl. auch: Muyemba, Jean-Jérôme Chico-Kaleu: »Döner verdrängt Currywurst« – Ein Schwarzafrikaner im Gespräch mit deutschen Jugendlichen; in: Pädagogik 10/1994, S. 57–59.

19 Muyemba, Jean-Jérôme Chico-Kaleu: Deutschland vereint – wie ist die Situation der Schwarzafrikaner in Berlin? Beiträge 29/1993 des Fachbereichs 1 der Fachhochschule für Verwaltung und Rechtspflege in Berlin 1993, S. 32.
20 Alle Aussagen von Elisa G. stammen aus Interviews, die der Verfasser im Frühjahr 1995 in H. (Sachsen-Anhalt) und G. (Nordrhein-Westfalen) führte. Auf Wunsch Elisas sind nähere Angaben zu ihr und ihrem Mann anonymisiert.
21 Oguntoye, Katharina: Was ich dir schon immer sagen wollte; in: Oguntoye, Katharina/Opitz, May/Schultz, Dagmar (Hg.): Farbe bekennen. Afrodeutsche Frauen auf den Spuren ihrer Geschichte. Berlin 1991, S. 211–216.
22 Aus: Allport/Postmann 1947, hier wiedergegeben nach: Riepe, Regina und Gerd: Du schwarz – ich weiß, Wuppertal 1992, S. 185–186.
23 Zitiert nach: Oguntoye, Katharina/Opitz, May/Schultz, Dagmar (Hg.): Farbe bekennen. Afro-deutsche Frauen auf den Spuren ihrer Geschichte, Berlin 1991, S. 49.
24 Mosse, George L.: Die Geschichte des Rassismus in Europa. Frankfurt/M. 1990. Zitate in der Reihenfolge ihres Erscheinens: S. 236, 240, 269, 268.
25 Zitiert nach: Essinger, Helmut/Kluschke, Klaus/Schirra, Willi: Unter der Spitze des Eisbergs – Rassismus erkennen lernen. Berlin 1992, S. 17.
26 In: van Dick, Lutz: Oppositionelles Lehrerverhalten 1933–45. Biographische Berichte über den aufrechten Gang, Weinheim und München 1988, S. 455–456.
27 Vgl. auch: Foitzik, Andreas/Leiprecht, Rudi/Marvakis, Athanasios/Seid, Uwe (Hg.): »Ein Herrenvolk von Untertanen«. Rassismus – Nationalismus – Sexismus. Duisburg 1992, S. 9.
28 Kästner, Erich: Von der deutschen Vergeßlichkeit (1954); in: Amt für Schule (Hg.): Zum 8. Mai 1945. Hamburg 1985.
29 Ayim, May: Die afro-deutsche Minderheit; in: Schmalz-Jacobsen, Cornelia/Hansen, Georg (Hg.): Ethnische Minderheiten in der Bundesrepublik Deutschland – ein Lexikon. München 1995, S. 44.
30 Weitere Biographien von Afro-Deutschen, die die NS-Zeit in Deutschland erlebten, finden sich in: Oguntoye, Katharina/Opitz, May/Schultz, Dagmar (Hg.): Farbe bekennen. Afro-deutsche Frauen auf den Spuren ihrer Geschichte. Berlin 1991.
31 Massaquoi, Hans: Alle Zitate aus einem englischsprachigen und bislang unveröffentlichten Interview von Rian Verhoeven vom 3. 7. 1993 in Chicago.
32 Wernicke, Jutta: Wissen ist beautiful. Die Botschaft eines Farbigen, der das Wegsehen nicht verzeiht; in: Hamburger Abendblatt vom 10. 10. 1994, S. 15.
33 Giordano, Ralph: Die Bertinis. Frankfurt/M. 1982.
34 Das Foto und die dazugehörige Idee stammen aus den Unterlagen eines britischen Antirassismustrainings unter der Überschrift: »Another example of police prejudice? Or another example of yours?« (Die ursprüngliche Quelle konnte leider nicht recherchiert werden.)
35 Bopp, Jörg: Die Härte von hohen Idealen; in: Westermanns Pädagogische Beiträge 9/1986, S. 43. Vgl. auch: Kalpaka, Annita/Räthzel, Nora (Hg.): Die Schwierigkeit, nicht rassistisch zu sein. Leer 1990.
36 Memmi, Albert: Rassismus. Frankfurt/M. 1992, S. 100.
37 Lutz, Helma: Rassismus und Sexismus, Unterschiede und Gemeinsamkeiten; in: Foitzik, Andreas/Leiprecht, Rudi/Marvakis, Athanasios/Seid, Uwe (Hg.): »Ein Herrenvolk von Untertanen«, Rassismus – Nationalismus – Sexismus. Duisburg 1992, S. 65.

38 Koninklijk Instituut voor de Tropen: Wit over zwart. Beelden van afrika en zwarten in de westerse populaire cultuur, Amsterdam 1990 (Zitat aus dem Niederländischen übersetzt), S. 11.

39 van den Broek, Lida: Hoe zit het nou met wit. Bevrijding van racisme, naar een strategie, Amsterdam 1987 (Zitat aus dem Niederländischen übersetzt), S. 42. Vgl. auch: van den Broek, Lida: Am Ende der Weisheit, Vorurteile überwinden. Berlin 1988.

40 Pressemitteilung aus: Stern Nr. 39/1992. S. 228–231.

41 Nach einem Pressebericht aus: Der Tagesspiegel vom 12. Juli 1992.

42 Der Briefwechsel ist im Faksimile abgedruckt in: Initiative Schwarze Deutsche (Hg.): Afro-Look. Deutschland, die neue Situation, Berlin 1991, S. 35 ff.

43 Eine ausführliche Darstellung der Vorfälle vom Mai 1991 in Wittenberge findet sich in: van Dijk, Lutz: Als Nazi geboren wird keiner. Gegen Fremdenhaß und Gewalt in Schule und Elternhaus. Düsseldorf 1993, S. 40–48. Die Vorfälle bilden außerdem den Hintergrund für das Jugendbuch: van Dijk, Lutz: Von Skinheads keine Spur, Düsseldorf 1995.

44 Zitiert aus einer Presseerklärung des brandenburgischen Innenministers vom 5. Juli 1991.

45 Amnesty International: Landeninformatie Duitsland (Amsterdam, Juni 1995), alle Zitate aus dem Niederländischen übersetzt.

46 Madou P., 19 Jahre, aus K. im Ruhrgebiet, in einem Brief an den Verfasser vom 7. Juli 1995.

47 So z. B. von terre des hommes oder vom IAF e. V. in Bonn, Breite Str. 16, 53111 Bonn.

48 Fischer, Judith: 10 kleine Menschenkinder – eine persönliche Entstehungsgeschichte; in: Eine Welt in der Schule 2/1995 (Projekt des Arbeitskreises Grundschule des Grundschulverbandes e. V.). Als Beilage u. a. in: Pädagogik 6/1995.

49 Berger, Astrid: »Sind Sie nicht froh, daß Sie hier immer blieben dürfen?«; in: Oguntoya, Katharina/Opitz, May/Schultz, Dagmar (Hg.): Farbe bekennen. Afro-deutsche Frauen auf den Spuren ihrer Geschichte. Berlin 1991, S. 114–120.

50 IAF e. V. (Hg.): » …und ich bin bunt!« Bi-kulturelle Erziehung in der Familie, verfaßt von Heidemarie Pandey. Frankfurt 1990, S. 5.

51 Hoffmann, Klaus W.: Das Lied vom Anderssein. Aktive Musik Verlagsgesellschaft, Dortmund. Die erste Zeile ist auch Titel des von der IAF e. V. Bonn herausgegebenen Buches: Im Land der Blaukarierten… Binationale zwischen kultureller Vielfalt und alltäglichem Rassismus. Bonn 1994.

52 Schütt, Peter: Gibt es in der Bundesrepublik Rassismus? (Unveröffentlichtes Manuskript, o. J.).

53 Alle Aussagen von Patrick stammen aus einem längeren Text, den Patrick dem Verfasser 1992 zur Verfügung stellte. Patrick war damals siebzehn Jahre alt und besuchte die zehnte Klasse einer Gesamtschule. Auf seinen Wunsch sind alle persönlichen Angaben anonymisiert. Vgl. auch das Jugendbuch, in dem die Geschichte eines schwarzen homosexuellen Jungen in Deutschland erzählt wird, der an AIDS erkrankt: van Dijk, Lutz: Am Ende der Nacht. Abschied von Bob. Düsseldorf 1994.

54 Opitz, May: Zitat vom Umschlag des Buches: Oguntoye, Katharina/Opitz, May/Schultz, Dagmar (Hg.): Farbe bekennen. Afro-deutsche Frauen auf den Spuren ihrer Geschichte. Berlin 1991. Die folgenden Zitate sind dem Vorwort, S. 9, entnommen.

55 Neben Informationsschriften und einigen Buchveröffentlichungen der IAF, die bei der Geschäftsstelle in Frankfurt bestellt werden können, geben die folgenden Arti-

kel einen einführenden Überblick: Kriechhammer-Yagmur, Sabine: Binationale Paare und Familien; in: Schmalz-Jacobsen, Cornelia/Hansen, Georg (Hg.): Ethnische Minderheiten in der Bundesrepublik Deutschland, München 1995. S. 92–96. Platen, Heide: Weiße dürfen nicht ›Neger‹ sagen; in: Die Tageszeitung vom 12. 7. 1995, S. 11.

56 Einen einführenden Überblick über die ISD gibt der folgende Artikel, aus dem auch (außer dem Brief der ISD-NRW an den Verfasser vom 27. 6. 1995) alle Zitate stammen: Ayim, May: Die afro-deutsche Minderheit; in: Schmalz-Jacobsen, Cornelia/Hansen, Georg (HG.): Ethnische Minderheiten in der Bundesrepublik Deutschland. München 1995, S. 39–52.

57 Chantal B., 14 Jahre, zur Zeit in Leipzig, in einem Interview mit dem Verfasser in Amsterdam am 16. November 1994.

58 Vgl. z. B.: Leggewie, Claus: Multi Kulti. Spielregeln für den Vielvölkerstaat. Berlin 1990. Cohn-Bendit, Daniel/Schmid, Thomas: Heimat Babylon. Das Wagnis der multikulturellen Demokratie. Hamburg 1992.

59 Broszinsky-Schwabe, Edith/van Dijk, Lutz/Winkler, Beate: Zusammenleben lernen. Kriterien für gute Unterrichtsmaterialien zum interkulturellen Lernen; in: Pädagogik 3/1995, S. 50–53.

60 Anne Frank Haus (Hg.): Handbuch: Das sind wir. Anregungen für den Unterricht, verfaßt von Lutz van Dijk, Folkert Doedens, Gudula Mebus, Els Schellekens. Weinheim 1995. Reihenfolge der Zitate: S. 14, 20 und 40 ff.

61 van Dijk, Lutz: Als Nazi geboren wird keiner. Gegen Fremdenhaß und Gewalt in Schule und Elternhaus. Düsseldorf 1993, S. 153–159.

62 Anne Frank Haus (Hg.): Lesebuch: Das sind wir. Geschichten von Olivia, Irfan, Gülcihan, Stephan, Sadber und Filipp. Weinheim 1995. Die Geschichte von Olivia wurde in Zusammenarbeit mit ihr geschrieben von Hiltrud Beyer, S. 2–13.

63 Alle Zitate und Informationen entstammen schulinternen Veröffentlichungen sowie Gesprächen mit dem Schulleiter, einzelnen Lehrerinnen und Lehrern sowie Schülerinnen und Schülern anläßlich eines Besuches des Verfassers an der Hector-Peterson-Gesamtschule in Berlin am 7. Februar 1995.

64 Biesenbaum, Hannegret: »Meine Augen sind blau, dennoch bin ich Afrikaner«. Warum sich eine Kreuzberger Gesamtschule für den Namen eines schwarzen Jungen entschied; in: Frankfurter Rundschau vom 25. 1. 1990, S. 15.

65 Pressetext der Senatorin für Schule, Berufsbildung und Sport von Berlin, Sybille Volkholz, vom 20. 12. 1989.

66 Vgl. auch: van Dijk, Lutz: Anti-Diskriminierungsartikel in der Schulverfassung? Erfahrungen aus den Niederlanden; in: Pädagogik 1/1993, S. 52–53.

67 Posselt, Ralf-Erik/Schumacher, Klaus: Projekthandbuch: Gewalt und Rassismus. Mühlheim a. d. Ruhr 1993.

68 Schulz, Ole: Schüler gegen Fremdenfeindlichkeit. Dortmunder Schule verpflichtet sich zum Antirassismus; in: Die Tageszeitung vom 19. 7. 1995.

Anschriften

Von den meisten aufgeführten Organisationen gibt es auch Regionalgruppen, die bei den hier genannten Bundesgeschäftsstellen erfragt werden können:

Amnesty International
Heerstr. 178
53111 Bonn

Amt für multikulturelle Angelegenheiten
Barckhausstr. 1–3
60325 Frankfurt/M.

Anne Frank Haus
Postbus 730
NL-1000 AS Amsterdam

Anti-Rassismus-Informations-Centrum
(ARIC-NRW)
Niederstr. 5
47051 Duisburg

Beauftragte der Bundesregierung für die Belange der Ausländer
Postfach 140280
53107 Bonn

Eltern schwarzer Kinder (ESK)
c/o SPI
Wilsnacker Str. 4
10559 Berlin

Initiative Schwarze Deutsche (ISD e. V.)
Oranienstr. 159
10969 Berlin

Initiative Schwarze Deutsche (ISD e. V.-NRW)
Postfach 10 19 30
50459 Köln

Informationszentrum für Rassismusforschung (D.I.R. e. V.)
Postfach 1221
35002 Marburg

Pädagoginnen und Pädagogen für den Frieden (PPF)
c/o Forschungs- und Lehrgebiet Friedenserziehung
Universität GH Siegen/Fachbereich 3
Postfach 10 12 40
57 068 Siegen

Pro Asyl
Neue Schlesingergasse 22–24
60311 Frankfurt/M.

Regionale Arbeitsstellen
für Ausländerfragen e. V. (RAA-Ost)
Schumannstr. 5
10117 Berlin

Regionale Arbeitsstellen
für Ausländerfragen e. V. (RAA-West)
Heßlerstr. 208–210
45329 Essen

Aktion Courage e. V. – SOS Rassismus
Forum Buntes Deutschland
Postfach 2644
53016 Bonn

terre des hommes
Ruppenkampstr. 11a
49084 Osnabrück

Verband bi-nationaler Familien und Partnerschaften (IAF e. V.)
Kasseler Str. 1a
60486 Frankfurt/M.

Verband der Initiativgruppen in der Ausländerarbeit (VIA e. V.)
Hochemmericher Str. 71
47226 Duisburg

WIR e. V.
Elsa-Brändström-Str. 6
50668 Köln

Bildquellennachweis

S. 13, Jeroen Nauta, Amsterdam
S. 24, Irmhild Söhl, S. (Niedersachsen)
S. 25, dies.
S. 33, chlodwig musik GmbH, Köln
S. 40, Bernd Gartenschläger, Märkische Allgemeine
S. 50, Orlanda Frauenverlag GmbH, Berlin
S. 64, Hans Massaquoi, Chicago
S. 67, Don McCullin, Großbritannien
S. 83, Gemeindepolizei Amsterdam
S. 89ff, Judith Fischer, Bad Waldsee
S. 97, Orlanda Frauenverlag GmbH, Berlin
S. 107, Robert Sims, USA
S. 113, IAF, Bonn
S. 115, dies.
S. 119, Annette den Heeten, Amsterdam
S. 133, Anne Frank Haus, Amsterdam (Fotograf: Christian Scholz, Hamburg)
S. 136, dies.
S. 142, Hector-Peterson-Gesamtschule, Berlin
S. 150, Aktion Courage, SOS Rassismus, Bonn
Autorenfoto hintere Umschlagklappe: Jürgen Jansen, Sögel

Danksagung

Für Informationen, Kritik und Beratung danke ich sehr herzlich:
Joana B., Frankfurt a. M.; René Blekman, Amsterdam; Dr. Eva-Maria Blum, Frankfurt a. M.; Folkert Doedens, Hamburg; Jan-Erik Dubbelman, Amsterdam; Andrés Dukes, Amsterdam; Mechthild Duppel-Takayama, Frankfurt a. M.; Prof. Dr. Helmut-Essinger, Berlin; Arne Gilbert, Bonn; Prof. Dr. Ingrid Gogolin, Hamburg; Elisa G., H. in Sachsen-Anhalt; Prof. Dr. Georg Hansen, Hagen; Dienke Honokus, Amsterdam; Patrick H., K. in Schleswig-Holstein; Aki Krieger, Bonn; Dr. Rudolf Leiprecht, Amsterdam; Dr. Helma Lutz, Amsterdam; Coletta Manemann, Bonn; Hans Massaquoi, Chicago; Gudula Mebus, Hamburg; Menno Metselaar, Amsterdam; Dr. Jean-Jérôme Chico-Kaleu Muyemba, Berlin; Dietmar Pagel, Berlin; Rund van der Rol, Amsterdam; Levien Rouw, Amsterdam; Anette Schautt, Amsterdam; Els Schellekens, Amsterdam; Irmhild Söhl, S. in Niedersachsen; Joyce Soekhan, Amsterdam; Yt Stoker, Amsterdam; Rian Verhoeven, Amsterdam; Reggie Williams, Amsterdam; Dr. Beate Winkler, Bonn/Berlin.